抱　朴

凡世与神界

抱

朴

凡世与神界书系 王仁湘 ／ 著

王者仗钺

艺术考古随记 ／ 之四
WANG ZHE ZHANG YUE

从信仰和神话看中华文明的发生

以考古图像求证神话的本源

以图像神话求证历史的真相

考古物证隐含神话的真相

神话本是人话，神界出自凡间

那些史前时代的图像

蕴含先民虔诚的信仰

闪烁先民精神家园的光焰

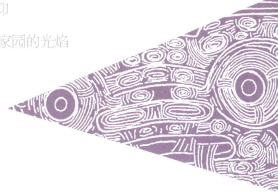

上海古籍出版社

图书在版编目(CIP)数据

王者仗钺:艺术考古随记之四/王仁湘著.--上海:上海古籍出版社,2023.7

(凡世与神界书系)

ISBN 978 - 7 - 5732 - 0727 - 2

Ⅰ. ①王… Ⅱ. ①王… Ⅲ. ①文物-考古-中国-文集 Ⅳ. ①K870.4 - 53

中国国家版本馆 CIP 数据核字(2023)第 096826 号

凡世与神界书系

王者仗钺

艺术考古随记之四

王仁湘 著

上海古籍出版社出版发行

(上海市闵行区号景路 159 弄 1 - 5 号 A 座 5F 邮政编码 201101)

(1) 网址:www.guji.com.cn

(2) E-mail:guji1@guji.com.cn

(3) 易文网网址:www.ewen.co

上海丽佳制版印刷有限公司印刷

开本 890×1240 1/32 印张 5.25 插页 4 字数 117,000

2023 年 7 月第 1 版 2023 年 7 月第 1 次印刷

ISBN 978 - 7 - 5732 - 0727 - 2

K · 3388 定价:68.00 元

如有质量问题,请与承印公司联系

造作众神

——代总序

宗教与信仰的诞生，也许与人类具有意识的历史一样古老。有的人甚至这样说：宗教是原始文化的精神大全。宗教起源于古远的时代，几乎和人类的生成同步，故而宗教现象在人类最原始的文化中就已经出现。还有的研究者指出：自特有反映意识炽烈地燃烧于人的头脑中以来，神话与宗教就已成为人类历史的一部分。神话的一个共同主题，是赋予非人的自然物与自然力以似人的动机与情感，这与早期的宗教明显是相通的。

宗教也许并没有这样古老。有人认为，人类的意识自产生以后，在很长的发展过程中处于极低下的状态，不会进行复杂的思维，不会幻想，所以不会有宗教信仰。恩格斯说："宗教是在最原始的时代从人们关于自己本身的自然和周围的外部自然的错误的、最原始的观念中产生的。"宗教大约出现在旧石器时代中期，人类逐渐开始了解自身而无法认识自身的许多奥秘，开始认识自然而无法解释它的千变万化。低下的生产水平使人类在生存搏斗中显得软弱无力，于是在神秘与恐惧中产生了一种幻觉，认为世界上有一种超自然力的存在，还幻想着借助这超自然力摆脱苦痛。那些不能解释的自然力，甚至还有许多平平常常的自然物，被人们逐渐神化了，当作了崇拜的对象，最初的宗教就这样产生了。

在史前时代，所有的人都是宗教信仰者，宗教是他们的宇宙观和思维方式。原始宗教的产生，主要渊源于万物有灵观念，这实质是原始人的宇宙观。在古社会里，人们感觉到的是一种二重世界，以为现实世界不仅是人的世界，同时也是神灵的世界，神灵具有无限的力量，统御着天地与人间。其实，神灵是人类自己从大脑中臆造出来的，人类在创造自己的世界时，也创造了一个鬼魂的世界，人类是众多神灵的造作者。神的世界，就是人的精神世界，至高的神界与平凡的人界是相通的。

在崇拜神灵的过程中，人们神化了自然力与自然物，对高山大川、日月星辰等万事万物都有神秘的理解，宗教崇拜因之产生，这便是最先出现的自然崇拜。史前人类在能力有限的艰难跋涉中，感受到自然力的强大和一些自然物超人的力量，以为它们都是有生命有意志的，它们像人一样也有魂灵主宰，由此生发出自然崇拜，自然力被人格化了，这就是万物有灵观念的产物。先民们认为，人不能为所欲为，还有神在主宰他们，众多的神灵与他们一起生活在这个世界上，神灵既可赐福人类，也会降祸人类，只有顶礼膜拜，才能求得神灵的护佑。

人类学家认为，宗教发展的历史与人类的进化、文化的发展是同步的，不能低估它存在的意义。特别是在人类的童年时代，早期的各种文化形式与宗教都有着不可分割的联系，无论是生活、生产方面的物质文化，还是语言、艺术方面的精神文化，都有依附于宗教的内容。有学者说："宗教就是与超自然力量有关的信仰、态度和行为，而不管这超自然力量是什么——是神灵，是祖先，还是上

王者仗钺

帝——宗教产生的根源在于人们对自然现象的不能理解，也在于对人类社会感到险恶莫测。宗教便是人们以虚幻的形式来解释和控制这些他们不能控制领域的尝试。"

原始宗教的发展，是经灵魂崇拜和自然崇拜演变而成的，诸神的谱系逐渐系统化、观念化和人格化，进而由偶像崇拜向人格神崇拜过渡。

人类在创造神的世界时，可能有一个逐渐完善的过程。不过最先出现的自然神的崇拜，我们想象不出它们是逐一造成的，还是一群群造成的。在万物有灵观念的支配下，一切自然力与自然物，上自天体，下到大地，所有与人类相关的事物，都可以成为崇拜的对象。人们认为它们各自都有神灵主宰，都具有人类无法超越的力量。根据崇拜对象的不同，自然崇拜可以分为山石崇拜、水火崇拜、动植物崇拜、天体崇拜、大地崇拜等几大类，在史前考古中大体都能找到它们存在过的证据。

山石和水火崇拜的形成，是因为它们与人类生活有着密切的关系。普普通通的石块，一经制作成器，就为人类的生产活动增加了力量，久而久之便形成了山石崇拜乃至石器崇拜。在齐家文化的墓葬中，有随葬小白石的习俗，有时在一座墓葬中发现的小白石达300多块，一些研究者认为这就是白石崇拜的遗迹。这些白石作为随葬品的用意我们已不能完全弄清楚，也许同后来的羌人那样以白石为一切神灵的代表，对此我们无法作出肯定的回答。考古学家们还发现有的史前居民在埋葬死者时，将墓葬的方向朝向山顶，或者朝向远方的高丘，这也可能与山石崇拜有关。

火给史前人类带来了温暖，也带来了威慑，人们对它总怀有敬畏之心，进而引发出崇拜心理，产生了一些特别的崇拜仪式。仰韶文化彩陶纹饰上的火焰纹样，是当时对火崇敬的具体表现。仰韶居民的居址都建有火塘，火塘一侧有火种罐，对用火的管理已有了相当的经验，可见火崇拜的仪轨一定有了很严格的内容。

天体崇拜包括了对日、月、星辰、风云和雷电的崇拜，当然也包括了对上天的整体崇拜。天体崇拜对农业部落来说，是非常重要的，因为天候气象的变化，会直接影响农作物的收成，它关系到人的生存。耕作播种需要降雨，人们要向掌管降雨的雨神祈求；作物的生长需要足够的光照，又得求日神护佑。新石器时代陶工在彩陶上描绘的种种纹样，在一定程度上表现了当时的信仰与崇拜。如仰韶和马家窑文化彩陶上常见的蛙纹、鸟纹及其变体，可能就表现了马家窑人对蛙、鸟的崇拜心理。我们知道，华夏民族在文明初期极其崇拜蛙与鸟，在我们的神话中，鸟为太阳神，而蛙（蟾蜍）为月亮神，这表明日月崇拜出现的时代是很早的，它可能起源于黄河上游地区，是原始农耕文化的产物。黄河下游的大汶口文化陶工，将日月山的复合图像刻划在陶缸上，虽然对它的解释说法不一，至少在客观上反映了当时存在的一种以天体崇拜为主的综合性自然崇拜。

其实在游牧部落中，也并非不流行天体崇拜。我们在内蒙古阴山地区的古代岩画中，看到许多有关天体星座的画面，甚至还有对太阳双手合十的跪拜图像，生动地体现了游牧人拜天的事实。

农业部落不仅重视天体崇拜，而且还十分重视大地崇拜。大地崇拜在农耕文化中表现为地母崇拜，地母即后世所说的土地神。人们生存在大地上，收获在大地上播种的果实，非常自然地视大地为养育了自己的母亲，由此萌发了大地崇拜。大地崇拜的仪式常与农事活动相关联，通常表现为播种前的祈求丰产的仪式，还有获得丰收后的谢神仪式，中国历史时期隆重的"春秋二社"，可能起源于远古时代春秋两季规模较大的祭祀活动。大地养育了人类，所以人类要举行献祭仪式，以此作为报答。史前时代出现的妇女雕像，通常被认为是土地神的象征，它是将地母人格化的神灵。红山文化发现了崇拜地母的祭坛，大地崇拜已有了固定的程式化的仪式。

女神崇拜应当出现在旧石器时代晚期，欧洲的一些旧石器时代遗址出土了不少表现女神崇拜的"维纳斯"雕像。在中国，迄今尚未发现旧石器时代女神崇拜的证据，相信以后会有的。我们只是在红山文化遗址中，发现了用陶土捏制的女性塑像，还见到大型的形如真人的女神塑像，研究者认为那应当是红山居民心中的始祖神。红山人为此盖神庙、砌祭坛，经常举行隆重的祭仪。中国古代传说中的始祖神，是我们在前面已经提到的女娲，她用黄土造人的故事代代相传，伟大的女娲永远是黄土子孙心中的始祖神。

中国古代以"社"为地神，以"稷"为谷神，习惯上将"社稷"的合称作为国家的代名词，我们从中看到了原始宗教打下的深深印记。

我们还注意到，由自然崇拜派生出来的灵物崇拜，在史前时代也极为流行。灵物崇拜的对象比较广泛，包括许许多多的人工制品，大到房屋，小到一般的器具。许多当代原始部落中有佩戴护身符的习俗，这种被认为具有特别神力的小小物件，常常是一种很平常的稍作加工的自然物品，如兽牙、贝壳等，都能作此用。当然有的部落对某些物品可能特别推崇，认为它具有明显的护卫神力，所以用它作为自己的护身符，这实际上就是一种灵物崇拜。在山东和江苏的几处大汶口文化墓地中，都曾发现一些以龟甲随葬的例子，可能是灵物崇拜的遗迹。如山东泰安大汶口的 11 座墓葬中共出土龟甲 20 个，江苏邳县刘林 9 座墓出土龟甲 13 个，大墩子 15 座墓出土龟甲 16 个。另外在四川巫山大溪文化墓地，也发现 4 座墓随葬有龟甲。龟甲在随葬时一般放置在死者腰部，显然是墓主人随身携带的一件灵物，可能起到驱邪的护身符作用，这被研究者认定为是一种龟灵崇拜。后来商代盛行的龟甲占卜，可能与史前时代的这种龟灵崇拜有一定的渊源关系。

我们在主要分布在安徽一带的薛家岗文化中，还见到在一些石器上用红色进行彩绘的现象，这类器具很可能是被当作神器看待的，也是灵物崇拜的表现之一。我在发掘西藏拉萨曲贡遗址时，发现了大量涂有红色的石器，应当具有同样的用意。

自然崇拜是史前人类对自然力无能为力的一种思维方式。虽然人类在事实上依靠自己的双手和智慧取得了进步，可打心底却认定一切都是各方神灵赐予的，于是礼拜愈加虔诚。人类就是在对各路神灵这样的膜拜中，获得一部分生存与发展的信心和力量的。先民们便由此生活在自己营造的神界里，采用崇拜自然的方式来改造自然。

用心造出了那样多的神灵，人们并没有认为就此万事大吉了。神还需要礼拜，人们要通过各种礼仪活动使众神心满意足，以此求得神的护佑。礼拜神灵的最高形式是献祭，神的威严可以在各种献祭活动中得到最充分的体现，只有在这个时刻，人们感觉到与神之间的距离被缩短到了最低限度。对于那些直接主持祭仪的祭师们而言，他们是通神的崇高使者，他们简直成了神的代言人，借助神的

　　　　　　　　　　　　　　　王者仗钺

灵光享有极高的地位。

人们对神举行的献祭活动，目的非常明确，是一种对神的贿赂行为。《诗经》有"神嗜饮食，卜尔百福""神嗜饮食，使君寿考"之类的句子，表明古人这样一种非常坚定的信念：只有多多献给神灵好吃的东西，神才会保佑人的平安，使人能够多福长寿。我们完全可以相信，这样的信念最早是史前人确立起来的，向神灵献祭饮食与其他物品的仪式在史前时代就已是非常规范化了。

在新石器时代，人们已经开始构筑专用的大型祭坛和神庙，作为日常礼拜神灵的固定场所。有研究者认为，大地湾 901 号房址规模宏大，建筑质量考究，应是一处召开头人会议或举行盛大宗教仪式的公共设施。室内的大灶台并非用于烹饪，可能是燃烧宗教圣火的处所；室外的 12 根立柱可能是氏族部落的图腾柱，这样的建筑应是原始殿堂。

红山文化和良渚文化都发现有祭坛遗迹，祭坛布局严谨，规模宏大。在辽宁东山嘴红山文化遗址，发现了一处大型石砌建筑遗迹，经研究，学者们认定属于原始宗教建筑。这是一组相关的建筑，有卵石圆形石台，也有巨石长方形石坛。在圆石台周围发现了女性陶质塑像，表明那是供奉女神的祭坛。方形石坛的附近，出土有玉龙和一些非实用的彩陶器。考古学家们认为，这是一处重要的祭祀地母、农神的宗教场所，它的主人是整个部落或部落联盟。在特定的日子里，人们成群结队长途跋涉来到这里，通过隆重的祭典，献上认为神一定会喜爱的祭品，向神灵表达自己内心的愿望。

就在发现东山嘴的祭坛建筑群不久，又在距离它不远的辽宁凌源、建平两县交界处的牛河梁，发现了规模更大的祭坛与神庙遗址。

牛河梁是一处有严谨布局的建筑群，以山梁顶端的女神庙为中心，周围环绕着积石冢。女神庙是以南北方向布置的多室殿堂，北边为一石筑的大型山台，南边有 3 处大冢和祭坛。女神庙结构复杂，有主室、左右室、前后室等，供奉有女神群像。多数神像比例如真人大小，根据出土塑像残片推测，当时还塑有超过真人 3 倍之大的女神塑像。研究者们由此推测出这里应当是一处以祭祀女性先祖为主的多神礼拜场所，是一处非常重要的宗教中心。

女神庙附近的积石冢，就是用石块砌成的大型墓葬，墓内随葬有许多精美的玉器。这些积石冢的周围，还分布着一些小型墓葬，墓葬与墓葬之间建有圆形石祭坛，墓前还有石块铺成的台面和烧土面，这些都是举行祭祖仪式的处所，附近发现了一些当时用于祭祀的猪骨与鹿骨。由这些发现可以清楚地看出，祭祖对于红山文化居民来说，已经成为传统与制度，祖先崇拜已经进入相当成熟的发展阶段。有的研究者认为，遗址上所见墓祭遗迹的主祭对象是近祖，即真实的祖先；而坛庙主祭的则应是远祖，也即是部落或部落联盟的始祖神。

这种采用坛庙方式祭奠祖先的例子，不仅见于红山文化，在杭嘉湖地区的良渚文化中，也有重要发现。浙江余杭的反山、瑶山和汇观山等遗址，都发现了规模宏大的祭坛遗迹。良渚人在人工堆筑的土台上建起三色祭坛，还修筑有大型墓穴。瑶山发现的祭坛为方形，面积有 400 平方米，中间为一南北方向的红土方台，台上筑有大型墓葬。墓葬中的主人有木棺、木椁，随葬有成堆成组的玉器。多数玉器既不是生产工具，也不是生活用具，而是纯粹的礼仪用器，不少是专用的祭器。后来在余杭的汇观山也发掘到与瑶山相似的祭

　　　　　　　　　　　　　　王者仗钺

坛，祭坛为长方形三色土台，面积达 1 600 平方米。

根据最新的报道，长江三角洲在崧泽文化时期就开始构筑祭坛了，它表明良渚文化居民的祭统是从崧泽文化居民那里承袭来的。浙江嘉兴崧泽文化时期的南河浜遗址，发现了用不同颜色的泥土分块筑成的祭祀土台，结构为方形覆斗状，高 90 厘米，面积约 100 平方米。这样的祭坛，让人很自然地想到北京中山公园里清代的五色土祭坛，它们之间的渊源关系非常明了。

礼器的出现，应当是祭祀活动频繁举行的必然产物。中国古代盛行以玉制作礼器，以为玉能通神，这传统显然起源于史前时代。红山和良渚文化居民就已经拥有了这种玉琢礼器的传统，如良渚文化所见的琮、璧、钺，就是专用的祭器。江浙一带 20 多处良渚文化墓地的 50 多座大型墓葬中，出土用于随葬的各类玉器 6 000 余件，有时一座墓中就发现玉器 100 多件，玉器数量最多的是琮、璧、钺三种器形。这些玉器到了青铜时代仍然法力无边：钺成了权力的象征，琮和璧仍是祭天礼地的神器。在中原地区，龙山文化中也发现有礼器，包括具有权杖意义的钺和鼓等。山东地区大汶口和龙山文化中也有琮、钺和鼓，在一些大型墓葬中都随葬有这样的礼器，也许死者生前就是专门的神职人员。

史前传统的祭仪，作为献祭的重要内容还包括杀牲活动。杀牲既杀兽，也杀人。考古学家们在红山文化祭坛边发现的兽骨，当为祭祀杀牲的证据。杀人进行祭祀，称为"人牲"，是将人作为献给神灵的牺牲。农业文明中的史前居民，流行地母崇拜，他们认为对地母最大的敬意就是祭献人牲，取人血灌地，为的是祈求农作物能有好收成。在仰韶文化的一些遗址中发现不少非正常死亡的埋葬，不规则的土坑中埋着非常规葬式的死者，有的还与牲畜共埋一处，我们对此可以作出杀祭人牲的推测。类似遗迹在龙山文化时代发现更多，表明杀祭人牲更加普遍了，许多无头死者与多人不规则的丛葬，残缺不全的肢体，都是杀祭现象普遍存在的证据。

在河南地区的一些龙山文化遗址里，相继发现不少奠基牲的遗存，它也是一种相当典型的人牲现象，不同的是献祭的对象不是地母，而是房屋神。在有的遗址，一些较大的房屋居住面下或墙基下，发现有特意埋入的儿童或成人，他们显然是建房过程中处死的人牲，都是奠基用的牺牲品。如在汤阴白营遗址，发现在 2 座房屋内埋有童牲；在安阳后冈遗址，15 座房址内埋有幼童 27 人；在永城王油坊遗址，发现在 1 座房基下埋有人骨架 3 具；在登封王城岗遗址，1 座夯土建筑下的奠基坑中见到 7 具人骨架，有幼童，也有成人。人们相信，献出自己的亲人为牺牲，神灵会保佑居所平安无恙。

在对神灵的虔诚献祭中，史前先民表现得十分慷慨，他们可以毫不吝啬地献出认为是神灵所需要的一切，包括自己所创造的一切美好的东西，甚至是亲人的生命也在所不惜。

原始宗教的表现形式，除了各类崇拜祭典以外，重要的还有巫术、禁忌、卜卦等。巫术作为重要的宗教形式，与史前人类的生产、生活、生殖密切关联，有用于生产、战争、宗教活动的交感巫术与接触巫术，还有以善恶为目的的白巫术与黑巫术。巫术常常成为人们各种活动的先导，人们以一种固定的方式强制超自然力为自己的目的服务。

禁忌又被称为"反巫术"，其实也是广义巫术的一种。巫术是为达到某个目的而施行的积极行为方式，而禁忌则是为回避不幸而施行的消极行为方式。卜卦也是巫术的一种普遍的表现形式，它通过认同的各种自然物的兆示预卜行为的未来结果，或者说是通过认可的仪式主动向神灵请教，其结果称为神示或神断。

宗教被认为是人类文化中一种消极的因素，但它对人类早期文化的发展作出的重要贡献却是不可低估的。如巫术之于原始艺术的产生，对于语言的完善，对于引导人们对天文学、地理学和其他科学知识的关注，原始宗教的作用是显而易见的。宗教对人类早期神话与传说体系的构筑，对人类思维的发展，对人类哲学、艺术、伦理等文化领域的贡献，是不可磨灭的。更有学者如弗雷泽说，人类智力发展过程经历了三个具有世界历史意义的阶段，即巫术、宗教与科学阶段，三个阶段有着非常一致的目的性和心理机制，彼此之间有着不可分割的连续性，在人类文明史上它们是浑然一体的。实际上这三个阶段的发展，标志着人类认识自然的进步，这是从屈服于自然，向掌握自然规律到征服自然的进步。

（节选自知原［王仁湘］：《人之初——华夏远古文化寻踪》，四川教育出版社，1998 年）

目　录

王者仗钺

古今的"玉兵"并不是一个严格的概念，不过以钺为代表的兵器确实通过玉化的途径完成了王权的符号化，以玉钺为代表的玉兵可能指示了一个时代的变换过程，可以看作早期文明时代的一个重要标志。

从工具到权杖

古代早期玉器分两大类：装饰品与器具。后来这两类玉器中又分化出礼器，装饰品与器具中都见有演化为礼器的例子。史前最具代表性的玉礼器璧、琮、钺，便源于实用的工具与饰品。璧、琮、钺的意义，分别与天、地、人相关联，即是祈天、祷地、治人。我在这里要着重说的是具有玉兵内涵的钺，它的意义可能高于璧、琮，值得引起研究者注意。

礼器是权力的影子，人类社会在建立崇高权威的时候，很自然地造出了权力的象征物。权力是一种无形的威慑。绝对的权力，至高的权力，常常要借助有形的物件来做象征，做标志。认定与改装现成的物件，确立权力符号是非常自然的事，也很容易得到认可。

这个权力的标志，最初或者是一个特别享有的图形，或者是一

图 1　偃师二里头遗址出土玉钺

图 2　成都金沙遗址出土玉钺

图 3　山东益都苏埠屯出土商代铜钺

图 4　成都金沙遗址出土兽面纹玉钺

图 5　河南汝州阎村彩陶缸上的石钺图

余杭瑶山

图 6　良渚文化玉钺　　　　　　　　图 7　山东滕州前掌大出土玉钺

类贵重而又华丽的饰物，或者就是一柄有着特别装饰的工具斧子。

将一柄斧子化作权杖，化作神器，又经历了怎样的观念转化与提升过程呢？

我们注意到，许多史前时代末期与青铜时代早期遗址都出土有不少玉斧玉钺，以玉为斧钺，它是拿来作斧子用的么？当然不是，因为许多玉质斧钺上没有见到明显的使用痕迹。玉钺的器形，虽然脱胎于斧子，它可是比斧子用意高得多的物件。玉钺造型多样，有璧形钺、风形钺和斧形钺之分。璧形钺扁平，有大圆穿孔，形似玉璧，红山文化牛河梁遗址就有多例出土。或两侧有齿状突起，刃作连弧形，刃口锋利，河南二里头遗址有出土（图1），成都金沙遗址也有发现，有学者认为金沙的这类玉钺当是来自二里头（图2）。

所谓风形钺，是说它的外形顶窄刃宽，有点像"风"字形。有的风形钺两侧有扉牙，刃部平直，两端上翘（图3）。有意思的是，这种玉钺最早也发现于二里头遗址，在殷墟和西周墓葬中也有出土，或者又称作"戚"。

在成都金沙遗址出土的一柄斧形钺，虽然外形像石斧，似乎没有什么特别之处，但细细观察，在它的两面都雕琢有对称的纹饰，制作非常精致。顶部纹饰以兽面纹为中心，兽面纹由双角、卷耳、双眼构成。兽面纹的外侧装饰变形夔纹。下部纹饰装饰在器身两侧，由五组对称的卷云纹组成。这件玉钺的玉材，据研究，来自四川当地，应当是古蜀人自己的作品（图4）。

金沙出土的这样精美的玉钺，可不是像石斧一样用于砍伐树木的。玉钺上的兽面纹，其实应当是古蜀人传说中的神灵的样子。这一定是一柄具有无比威力的神钺。玉钺的主人，也许就是某位蜀王。

蜀王拥有这神钺，就拥有了沟通人神的法宝。玉钺也可能是蜀王的权杖，他的臣民在这权杖的指引下赴汤蹈火。

玉钺象征着什么？玉钺为何有如此大的力量呢？

10多年前，我曾经写过一篇短文，觉得将这个问题解答得比较明确了：

砍倒山木／盖起干栏长屋／一柄神奇的石斧／造就了一代新寨主／斩断头颅／战胜入侵敌酋／一柄无敌的石斧／让一位英雄头角展露／那是洪荒时代的传说／是那么的遥远，那么的生疏

斧子变大钺／不再砍伐杀戮／象牙雕饰／美石琢磨／斧钺神威依旧／篝火熊熊／群情激昂／英雄一夜间被推举为领袖／胸怀虔诚手秉大钺的他／为子民求丰谷祈顺雨／威风凛凛手秉大钺的他／开拓邦土大野逐鹿／大钺作标识／随生随死随葬坟墓／他的威严和他的功绩／都由大钺纪录／君不见——大禹执玄钺／栉风沐雨／足迹遍九州／成汤秉白钺／如火烈烈／威风抖擞／武王左杖黄钺／右秉白旄／牧野誓师剿灭殷纣

风随钺起／雨从钺行／大钺一回回变换了天地／大钺变换了日月星宿／那是青铜时代的史诗／它是那么的雄壮／那么的惨酷

从石钺陶钺／到玉钺铜钺陨铁钺／大钺见证英雄时代／大钺凸显王权威武／真真是如火烈烈／如陵巍巍／大钺映射着中国早期文明行进的脚步

钺显然是象征权威的，是英雄时代的产物。

在新石器时代，石斧是使用很广泛的生产工具。后来石斧又作

图 8　江苏海安青墩遗址出土陶钺　　图 9　山东莒县陵阳河出土刻"钺"图像的陶缸

为战争武器使用，当然战争指挥者手中的斧是用玉制成的，这成为他的权杖。黄河中游仰韶文化时期就有这种权杖，河南汝州阎村出土的大陶缸上，绘有装饰华丽的石斧（图5）。再后来用作权杖的玉斧形状有了明显改变，斧身变薄，斧刃变宽，演变成并不具有实用性的象征性用具，也就有了"钺"这个专用名称，在早期文字中它写作"戉"。

　　玉钺出现在新石器晚期，较早见于庙底沟和红山文化，凌家滩和良渚文化出土玉钺较多。良渚玉钺由冠饰、钺身、柄饰组成，顶窄刃宽，有的钺刃部一角雕琢出神徽图形，制作精致，显示出主人拥有的权威既高且重，威威赫赫（图6）。滕州前掌大的玉钺（图7）以鳄首和虎形为饰，是对权威的明确宣示，也是权杖内涵最好的注解。

　　在崧泽文化时期，考古发现了陶质带柄的小钺，这显然是一个

　　　　　　　　　　　　　　　　　　　　　　　　王者仗钺

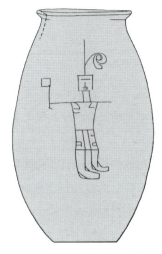

图 10　江苏澄湖良渚文化陶罐上的戌文刻画　　图 11　湖北天门石家河遗址陶器上刻划的杖钺人像

象征物（图 8）。在大汶口文化的陶缸上，发现刻有钺的图像（图 9）。在良渚文化的陶罐上，钺形明明白白地作为一个字符刻入一个词组中（图 10）。这说明钺作为一个专有名词，在很早的时候就已经出现了。湖北天门石家河遗址陶器上刻划的杖钺人像，彰显了钺之威严（图 11）。

夏禹、商汤王和周武王，他们手执大钺的架势，原来是从更古老的史前先人那里学来的。

钺与“王”

王者，一族一国之主。早期在表达这个王字时，采用了一个特别的代指方式，以“戉”指代“王”，表明了“戉”即“王”的含义。

周汉时代对"王"字有一些解释，只是臆断成分较重。《说文》云：

> 王，天下所归往也。董仲舒曰："古之造文者，三画而连其中。三者，天地人也。而参通之者，王也。"孔子曰："一贯三为王。"

孔子和董仲舒也没有准确解释这个字，想象的成分较多。

甲骨文的发现，为推定"王"字的本初意义提供了证据。吴其昌说，戊、戉、戌、成、咸诸字皆由石斧的形状演化而来，其锋刃左右旁向者衍为上述各字，其锋刃向下时则衍为工、士、壬、王诸字。[1] 这个斧头的形状，居然造就了如此多的字形，斧头的方向判定了字的意义，让我们见识了古人造字的意趣。林沄先生有专文《说王》，论王字本像无柄且刃缘向下的斧钺之形，本表示军事统率权，后来这军事统率权的象征演变为王的权杖。他还提到"扬"字是"钺"字的同义字，而且可能"王"的读音与"扬"有关。由象形字看，这个"扬"就是一人手举类似权杖物件的器具，或者双手举起一个"王"，是动态显示。[2] 斧钺的象形，是王字定形的基础，这已经成为古文字学家的共识。徐中舒先生也说戊的写法，"象刃部下向之斧形，以主刑杀之斧钺象征王者之权威"。[3] 甲骨文存在的商代，钺已经是青铜质，而戊字的出现却是更早时代的事，良渚文化陶器上的

1　吴其昌：《金文名象疏证》，1936年。

2　林沄：《说王》，《考古》1965年6期。

3　徐中舒：《甲骨文字典》，四川辞书出版社，1989年。

刻划就是证据。良渚文化玉钺的背后，也许已经有了王权的定义吧。

说起这个戊字，还有几个相关的字形字义可以有更多的提示：一是辛，一是辟，还有璧。

有研究者论"辛"，说最早的甲骨文上的"辛"，是一把执行最严厉刑罚的割人肉用的锋利小刀，三面有刃，字的下尖或左偏或右偏，表示刀锋歪斜，类似雕刻刀。这样解释甲骨文中的"辛"，其实并不到位，"辛"的字形其实是一柄刃部向上的钺。

再看看带有"辛"字根的"辟"，甲骨文写成用钺砍掉了一个人的头的样子，所以这是一种极重的刑罚。砍头，古代谓之"大辟"。王是下达或者执行"大辟"的主体，所以王又有了"辟"这样奇怪的代称，这与用"戊"代称王的意义是一样的（图 12）。

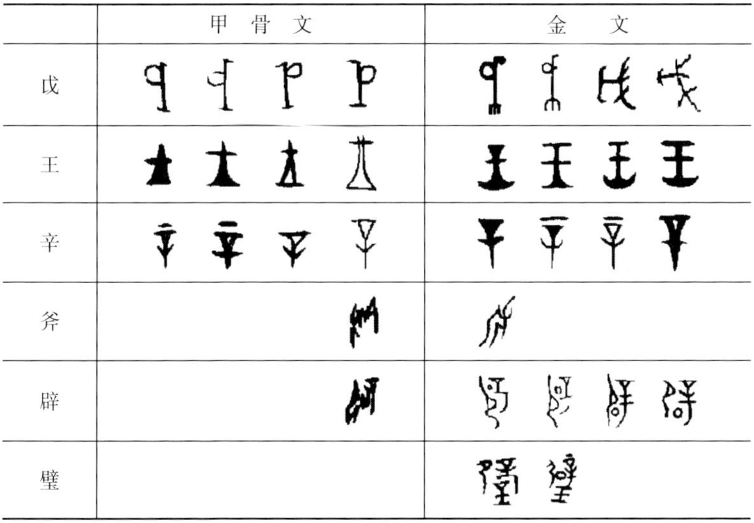

	甲 骨 文	金 文
戊		
王		
辛		
斧		
辟		
璧		

图 12　古文字中与钺相关的字形

《诗经》中有辟王，如《大雅·棫朴》"济济辟王，左右趣之。济济辟王，左右奉璋"，《周颂·载见》有"载见辟王，曰求厥章"。这里说的"辟王"，就是周天子。后来孔颖达《毛诗注疏》解"荡荡上帝，下民之辟"，说上帝是托言君王，"辟"就是君，也就是天子。

早期文献《尚书》中也有辟，也指天子。如《尚书·尧典》："嗣王戒哉，祗尔厥辟"，《书传》解释说"辟，君也"。《尚书·洪范》："惟辟作福，惟辟作威，惟辟玉食"，《尚书全解》引王肃语曰"辟，君也"。

古人注《书》解《诗》，均以"辟"为君，指的是周王，是天子。汉代《尔雅》也说：皇，王后；辟，君也。

还有《汉书·五行志》的"辟遏有德"，汉代时应劭注说"辟"为"天子也"。汉晋称皇帝的诏书为"辟书"，称天子征召为"辟命"，如《后汉书·贾逵传》："隐居教授，不应辟命。"将皇王称为"辟"，这样的说法，显然并不是汉代的创造。

金文璧字借用了辟字的字形，借形亦借义。享天子以璧，璧是献给天子的，璧因此有了天子的称名"辟"。璧的得名，是顺理成章的事，辟（天子）之璧用以祭天，也是顺理成章的事。[1]

璧是由辟而来的，辟即为钺。在红山文化、大汶口文化和良渚文化中，都发现过璧形钺，也许透露出这样一个信息：璧与钺之间本来是可以划等号的，都是王权的体现。

1　王仁湘：《琮璧名实臆测》，《文物》2006 年 8 期。

钺色玄黄白朱

钺作为兵器，形制似斧，《说文》曰：

> 大者称钺，小者称斧。

又说：

> 钺，大斧也。

钺之形状，较之斧更为宽大扁平。钺之材质，有石、玉、铜、铁。按文献所述，钺之色泽，又有玄、黄、白、朱之分。文献对颜色的叙述，似乎有特别的含义，也许并不是明指钺体之色。

玄钺、黄钺、白钺，见于《说文》引述《司马法》的内容：

> 钺，王伐切，音越。咸斧也。杖而不用，明神武不杀也。《司马法》夏执玄钺，殷执白戚，周左杖黄钺，右秉白旄。

钺色的不同，研究者一般认为是因石、玉、铜、铁不同的显色。如色黑为"玄钺"，可能指的是铁刃铜钺。[1] 那黄钺自然就是铜钺，黄为铜之本色。朱钺出现在王莽改制过程中，见于《汉书·王莽传》

1　唐际根：《"玄钺"考》，《文物春秋》1994年3期。

的记述：王莽受九命之锡，"左建朱钺，右建金戚"。

钺色的不同，还见于《史记·周本纪》的记述：

> （武王）至纣死所。……以黄钺斩纣头，悬大白之旗。已而至纣之嬖妾二女，二女皆经自杀。武王又射三发，击以剑，斩以玄钺，悬其头小白之旗。

研究者曾指出司马迁这段文字，当引自《逸周书·克殷》。裴骃集解引宋均曰：

> 玄钺用铁，不磨砺。

晋崔豹《古今注·舆服》：

> 金斧，黄钺也。铁斧，玄钺也。三代通用之以断斩。

可见古人也认为钺之色称来自质材，但其中也还有一些疑问。唐苏鹗《苏氏演义》卷下说：

> 铁斧，玄钺也。诸公王得建之。太公以玄钺斩妲己，故妇人以为戒。

注意，这里强调斩妲己用玄钺，而《周本纪》说武王以黄钺斩纣，以玄钺斩嬖妾，这一细节过去被研究者忽略了。我们隐约感到，这里的玄黄二色未必只是铁与铜的含义，似乎还与性别相关联，或者还与天地阴阳相关。

从这个角度思考，我们很自然地想起"苍璧礼天，黄琮礼地"。《周礼·春官·大宗伯》说：

> 以玉作六器，以礼天地四方，以苍璧礼天，以黄琮礼地，以青圭礼东方，以赤璋礼南方，以白琥礼西方，以玄璜礼北方，皆有牲币，各放其器之色。

苍天黄土，让我们反过来联想到玄钺与黄钺，也许玄和黄并非材质的显色，而是天地四方之色。

《易·坤》云：天玄而地黄。这是天地之色，所以《千字文》以"天地玄黄"开篇。这样说来，玄钺黄钺有可能指天钺地钺，以黄钺斩王，以玄钺斩后，也算是阴阳相克。我们还注意到孔颖达疏引《六韬》说：

> 大柯斧重八斤，一名天钺。

可见古代也是有天钺之说的。

钺色夏玄商白周黄汉金朱，其意义还需要探索。

关于玉兵与"玉兵时代"

随着出土的史前玉器越来越丰富，"玉器时代"在30多年前被一些考古学者提出来，并倡导将它作为考古分期的重要一环。"玉器时代"的提出，主要是因为大量斧、铲、刀、凿等"玉兵"的发现，有学者依据《越绝书》中风胡子所说黄帝时代"以玉为兵"的说法，认为在石器时代和青铜时代之间应该还有一个"以玉为兵"的时代。1986年张光直先生也明确提出上古至三代的中国历史应该划分为四个时期：石器时代、玉琮时代、青铜时代、铁器时代，指出玉琮时代正好代表从石器时代到铜器时代的转变，这也是从原始社会到国家城市社会的转变阶段。[1]

"玉兵"源出晋袁康《越绝书》，其中记有风胡子与楚王的对话，风胡子向楚王讲述工具兵器演进的历史，他说：

> 轩辕、神农、赫胥之时，以石为兵，断树木为宫室，死而龙藏，夫神圣主使然。至黄帝之时，以玉为兵，以伐树木为宫室，凿地。夫玉，亦神物也，又遇圣主使然，死而龙藏。禹穴之时，以铜为兵，以凿伊阙，通龙门，决江导河，东注于东海。天下通平，治为宫室，岂非圣主之力哉？当此之时，作铁兵，威服三军。天下闻之，莫敢不服。此亦铁兵之神，大王有圣德。

风胡子说了以石为兵、以玉为兵、以铜为兵和以铁为兵四个前后接续的历史阶段，整体框架应当说是没有问题的，比较有争议的是因"以玉为兵"而引申出来的"玉兵时代"。

风胡子说到石兵、玉兵与铜兵，都指的是工具，只有铁兵明确是兵器。甲骨文象形字的"兵"，是一双手握着斧斤的样子，《说文》

---

[1] 张光直：《谈"琮"及其在中国古史上的意义》，载文物出版社编辑部编：《文物与考古论集》，文物出版社，1986年。

说"兵，械也"，就是器具。

　　工具类玉器且有兵器作用的，根据已有的考古发现判断，大约有镞、矛、刀、戚、戈等。[1]潘守永先生说，以玉为质材制造的兵器，应属冷兵之列，考古在山东泰安的大汶口、江苏邳县大墩子及新沂县的花厅等距今 5 000 多年的新石器时代遗址中，发现了玉质的斧、刀等，上古时期一器多用，它们既是武器也是生产工具，说明玉兵源于石制生产工具。[2]

　　作为工具或兵器的玉器，除极少数情况外，它们在使用上与石器并没有明显不同。而且可以肯定地说，"玉兵"在数量上始终没有超过"石兵"。这样看来，可以有也一定有玉兵，但要定义为一个时代，还要深入探讨。在玉兵中最重要的是玉钺，它标志了王权的诞生。

　　以钺为代表的兵器确实是通过玉化的途径完成了王权的符号化，可以说以玉钺为代表的玉兵应当指示了一个时代的变换过程，可以看作早期文明时代的一个重要标志。龙山和良渚文化是这个变换过程的完成阶段，它一定发端于更早的庙底沟、红山、凌家滩和大汶口文化时期。林沄先生在《说王》一文结尾特别提到，古代国家形成的一部分历史，也许就隐藏在新石器时代玉斧的背后，现在也许已经到了我们绕到玉钺背后看历史的时候了。

　　本文原名"斧钺：权力的标志——兼说玉兵与'玉兵时代'"。

1　周南泉：《中国古代玉器断代与辨伪：玉工具与玉兵仪器》，蓝天出版社，2009 年。

2　潘守永：《中国古代玉兵之谜》，《华夏文化》1996 年 3 期。

如影随形

——关于双子琮

玉琮在良渚文化中是重器，玉琮的研究备受关注。虽然玉琮研究取得了很大成绩，研究者从不同角度进行了探讨，但是我们还不能说问题已经完全解决。本文提出的双子琮问题，可以说是一个新的概念，希望从这个角度进行研究能对史前玉琮的认识有所推进。

关于双子琮的定义，简而言之，是指可以上下拼接为一体的两件同类型的琮。或者说两件原本就是一体的琮，在制作过程中或制作完成后玉工将它一分为二了。它们的取料和制作同工，纹饰配合成组，两两成双，我们称它们为"双子琮"。这样的琮有时会成对出土，有时则单独出现，另一件去向不明。

通过粗略的观察就可以发现，并存的双子琮有一些明显的特征。主要在两琮接合部的处理上表现得非常清晰，接合部两射的大小规格等同，完全可以对接起来。双子琮可分为预制和改制两种，这是一种组合琮。预制和改制，都是将一个琮一分为二，一分为二是为了合而为一，这是一种值得关注的文化意象。

研究者过去已经注意到成对发现的双子琮，它们有的是预制双子琮，有的是改制双子琮，但并没有深入研究，也没有进一步的解释。

本文除了将双子琮作为玉琮的一种存在形式进行探讨以外，还由双子琮纹饰的组合特征论及玉琮纹饰的结构与意义，初步指出琮上神兽面与人面的组合其实是一个整体，所谓人面可能依然是兽面，它只是神兽的冠面装饰图案而已。

双子琮的发现与判别

良渚文化玉器中的琮往往成组随葬在大型墓葬中，其中偶尔会包括双子琮。双子琮虽然数量并不多，但是它在琮中属于非常独特的一类，所以在发现时会受到特别的关注。

迄今发现的得到确认的双子琮只有两套，都属于良渚文化。这两套双子琮，一套出自上海青浦福泉山墓地，一套出自浙江余杭横山墓地。

浙江余杭星桥横山 M2 出土双子琮一套。[1] 整体形态是上略大下略小，两琮高度相差不大，每节刻有三组半简化兽面纹，中间一组兽面纹分归上下两琮，恰可合成七组完整的神面（图1，1）。这是用同一玉料制成的双子琮，器形规整，纹饰完整，属于本文划分的预制双子琮。这套双子琮出土时分置死者的腰下和脚部。发掘者认定它们是用一件八节长琮分割改制而成的。实际上它并不是改制而成的，原来的长度也并不是八节。

发现的双子琮的数量也许并不少，但是能同时同地发现的极少，

1 　古方主编：《中国出土玉器全集》第 8 卷，科学出版社，2005 年；浙江省文物考古研究所：《浙江余杭横山良渚文化墓葬清理简报》，载《东方文明之光》，海南国际新闻出版中心，1996 年。

所以横山 M2 发现的这套双子琮更显出它的重要性。

上海青浦福泉山良渚文化墓葬 M40 出土一套双子琮。[1] 这套琮为滑石料,虽然同出于一墓,但并不在同一位置。上面的琮编号 M40∶110,饰三组简化的神面纹,下面一组神面的鼻部已失。下面的琮编号 M40∶26,也有三组简化的神面纹,但上面一组神面的顶部已失(图 1,2)。发掘者认定这是一件琮分割成的两件琮,分割时为了制作射部,将上琮的下面一组纹饰和下琮的上面一组纹饰都破坏了。这套双子琮原本有六组完整的神面纹,改制后中部的两组纹饰都不完整了。器形虽然规整,但纹饰不完整,是用制好的单体琮改制的,属于本文划分的改制双子琮。

正是知道了这两例发现,我们才开始注意到双子琮在史前的存在,是玉琮一种比较特别的存在形式。我们相信,双子琮的存在不会是偶然现象,通过双子琮的辨识与研究,一定会对史前玉器的内涵有更多更深的了解。

我们还可以设想,一定还有一些双子琮没有被甄别出来,尤其是那些"单飞"的双子琮,它们可能就在眼前,但我们不一定就能判别出来。

双子琮在使用时的放置情形,我们现在无法了解得很明白。以墓葬中出土琮的摆放情形看,一般的琮都平放在墓主人附近。即使是确定的双子琮,也不一定两琮就放置在一起。不过像良渚文化的玉琮四面都有纹饰,可以推想琮在平常放置时可能是直立的形态。

1　上海市文物管理委员会:《福泉山——新石器时代遗址发掘报告》,文物出版社,2000 年。

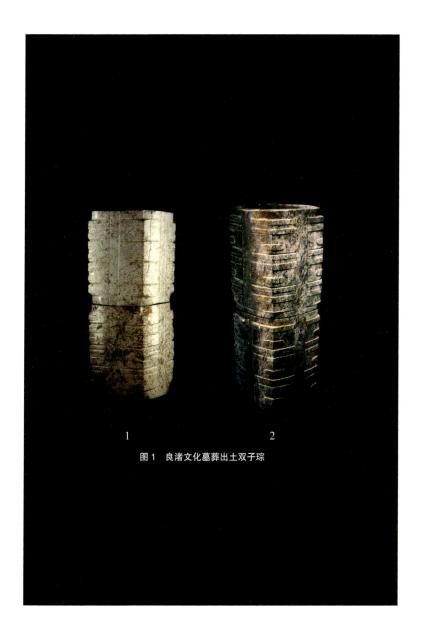

1   2

图 1　良渚文化墓葬出土双子琮

琮两端射的径围有大小之别，过去人们在讨论时大致也确认直立的琮是大端向上的，从琮上兽面纹饰的方向看，正视兽面时琮的大端也是向上的。双子琮常规的放置方式，也应当是取直立的形态，这样两琮有可能一上一下对接叠放在一起。不过有的双子琮叠置时也许较高，不会太牢固，也不排除垂直并列摆放的可能。为了叙述的便利，我们假设双子琮是上下叠置的，上面的称"上琮"，下面的称"下琮"。

由于许多不明缘由，很多双子琮不会同时出现在我们的视线里，我们见到的更多的是其中的一件。如果是失落的双子琮之一，判断它原来是不是双子琮，可以按下面两个标准作观察。

第一个判断标准是射的规格。一般说来，如果是单体琮，上射与下射的径围会有一定差距，但高度应当较为接近。如果一件琮的下射明显低于上射，可以考虑它是失落的双子琮之一，是双子琮中的上琮。如果是上射高度明显低于下射，那它可能是双子琮中的下琮。

第二个判断标准是纹饰的组合。一般的单体琮，常见的纹饰是一大兽面配一小兽面（过去习惯上称为"人面"），如果一件琮上的纹饰没有完整的组配形式，那它就可能是失落的双子琮之一。再细化一点看，如果上端只有大兽面而没有小兽面，这件琮就是双子琮中的下琮。如果是下端只见小兽面而没有大兽面，这件琮可以确定为双子琮中的上琮（图2）。

还有另外一种可能，就是琮面上的纹饰并不是大兽面与小兽面的组合，而只见到一种兽面，或者只有大兽面，或者只有小兽面。如果是双子琮，通过这样的纹饰作观察不难判断。因为无论是大兽

王者仗钺

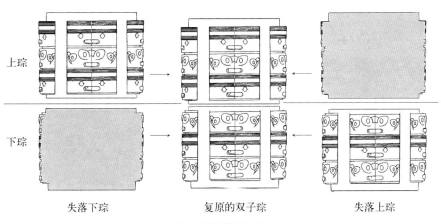

上琮

下琮

失落下琮　　　　　　　复原的双子琮　　　　　　　失落上琮

图 2　双子琮辨识示意图

如影随形——关于双子琮　　　　　　　　　　　　　　　　　　21

面还是小兽面，它们都有附加纹饰，兽面上方都有两组平行的弦纹，这种附加的纹饰应当就是兽面的冠。如果一件琮缺失了下面的兽面，那它就是双子琮中的上琮。如果上面的兽面缺失了弦纹带，那它就是双子琮的下琮。

如果结合这两条标准判断，那些失落的双子琮应当是可以甄别出来的。

会不会有不同料而同工的双子琮存在？现在还不好论定。我们觉得"同工"应当是双子琮的根本特征；是否同料，可以不必作为必备条件。不同料而同工，要制作出规格与纹饰相匹配的双子琮，难度会增加许多，也难怪玉工要得到双子琮，宁可用长琮改制了。实际上，本来要判别失落的同工同料双子琮难度就很大，要甄别那些同工不同料的双子琮就更是难上加难了，如果真有这样的双子琮存在的话。

双子琮的高度，不一定等高。这是因为上琮与下琮虽然可以连接为一体，但由于玉琮整体是上大下小的造型，下琮的体量一定是小于上琮的，高度与径围都会有一些差别。另外，在纹饰的布局上，上琮与下琮也有区别，上下纹饰并不是对等的。不过，一般来说，上下纹饰应当是配合成组的，两相照应，不会没有一点联系。

双子琮的预制和改制

1. 双子琮的预制

以现在发现的资料而论，双子琮可分为预制与改制两种。预制双子琮，是事先有周密设计而制作的，上琮与下琮的形态和纹饰都很完整。

　　预制和改制的双子琮，应当以预制为主，改制也许是不得已而为之。双子琮的制作与一般玉琮不同，在工艺上有更高的要求。与单体琮相比，标准的双子琮在制作前要有更周密的设计，它的制作要点是在中部在未来的接口处预留两射的位置，不然在分割后，上琮没有下射，下琮没有上射，就会失去琮的常规形态。改制双子琮，为了使琮的形态完整，在分割后为了制作射，肯定会伤及原有的纹饰，这样的双子琮就留下了明显的缺憾。不过正是有了这样的缺憾，我们就有了辨别单独出现的双子琮的重要线索。

　　预制双子琮在玉料的选择上，应当与单体琮没有区别。不过因为它的体量较大，所以选料时会稍加考虑，玉料要求稍大一些。双子琮在制作前，玉工对成品的规格、形制和纹饰会有相当周密的设计。形制的设计与单体琮相同，上下两琮整体成形，待所有琢磨工序都完成之后，再一分为二切割开来。

　　预制琮纹样的制作比单体琮复杂一些，主要是要预留中部接口处双射的位置，更重要的是，要使上下两组纹饰互相关联，能作一体观。上琮的下射和下琮的上射高度都要低一些，这样设计的出发点可能有两个考虑：一是为了双子琮在并列放置或单独出现时，不失单体琮的常态；二是为了让上下琮之间的纹饰有一个更密切的关照，因为接合部的上琮和下琮的纹饰一般都是半组，被两射分割开后，如果叠加的射部过高，显然会影响纹饰的观看效果。

　　由横山M2出土双子琮对合相当严密的情形看，它们应当是在完全成器后再分割开的，并不是分别做成后再合为一体的。《中国出土玉器全集》在介绍这套玉琮时，特别强调它是"有意分别制作"的，这可能与事实不符。我们再看上琮与下琮有一条贯穿的裂纹，裂纹如此吻合，说明它是一次性产生的，很可能是在分割时产生的。由此裂纹看，这套双子琮也应当是合体预制的，不是分别制作的。

当然会不会存在分别制作的双子琮？还需要作细部观察才能确认。如果存在这样的双子琮，判断并不会太困难，可以由拼合的状态观察纹饰的布局是否一致，特别是观察拼合处的上下射部是否完全吻合。

可以想见，其他刻N组纹饰再加半组纹饰的琮，一定是缺失了另一件的双子琮。这样的例证在良渚文化中还有若干，后文还将摘要分述。

2. 双子琮的改制

将一件长琮改制为双子琮，这是一种特例，琢玉过程中发生这样的事情并不多，但也绝非孤例。

一件长琮改制成两件时，因为要补琢两射，所以一定会伤及原有的纹饰。而预制的双子琮，因为已经预留了射的位置，布置好了纹饰所占的空间，所以不会发生伤及纹饰的现象。这一点很重要，它是区别双子琮是预制还是改制的一个关键。另外，改制琮虽然伤及纹饰，但分离开的纹饰拼合时还是吻合的；而预制琮则不是，预制琮拼合起来纹饰会高很多，这是因为预留了两个射部的缘故。

在良渚文化墓葬中，发现了不止一例改制的双子琮，有的两件琮同时出土，有的则仅见一琮，但改制痕迹都很清晰。

例如上海福泉山M40出土的双子琮，我们前面已经提及，那是一套典型的改制双子琮。除此之外，这种改制的双子琮在浙江也有发现。

浙江海宁佘墩庙 M6 出土玉琮一件，下射高 0.8 厘米，上射略低。[1] 器体方正，饰两组半简化神面纹，半组为神面的嘴部，居琮上方。依纹饰布局看，这是一套双子琮中的下琮。它的上琮也应有两组半纹饰，那半组纹饰居下方，为简化兽面的冠部，上下琮合并为五组纹饰。《中国出土玉器全集》对此琮的描述是："原为高琮，上部被锯掉，残剩下部 2 节半。"如是，则又是一件难得见到的改制的双子琮（图 3）。

在余杭反山 M21 出土一件琮，编号为 M21:4。[2] 上射略高，饰四组半简化兽面纹。中间分节伤及上下纹饰，制作设计有明显缺陷。发掘者推测，这件琮原来当长一些，应有五组兽面纹。其实这也是一套双子琮中的上琮，下琮失落。下琮也应有四组半纹饰，下琮上部的半组纹饰应为兽面的嘴鼻，与上琮下部兽面的冠形对接，上下琮合并为九组纹饰。值得特别注意的是，在上琮的第三和第四组纹饰之间，还见到较深的切割痕，当初玉工似乎要将上琮再行切割，虽然没有完成，却提供了一个重要的证据，它说明双子琮的制作可能是在全器纹饰完成之后，再一分为二分割开来的（图 4）。

这种双子琮，按常理推测，应当是在长琮制作完成一段时间以

1　古方主编：《中国出土玉器全集》第 8 卷，科学出版社，2005 年。

2　浙江省文物考古研究所：《反山》，文物出版社，2005 年；古方主编：《中国出土玉器全集》第 8 卷，科学出版社，2005 年。

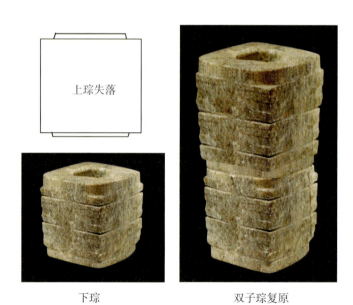

上琮失落

下琮   双子琮复原

图 3　浙江海宁佘墩庙 M6 双子琮复原

　　　　　　　　　　　　　　王者仗钺

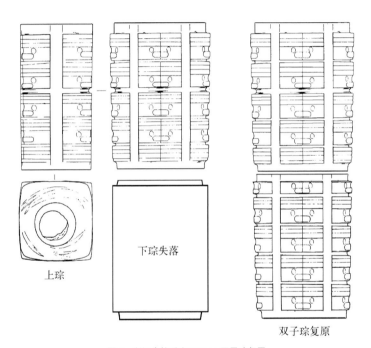

上琮

下琮失落

双子琮复原

图 4 浙江余杭反山 M21:4 双子琮复原

后才重新改制的。不过这中间究竟有多长的间隔，长琮又经历了什么样的使用过程，又为什么一定要一分为二地改制，都还无法回答得很清楚。当然也不能排除在制作完成后当即改制的可能，我们只是觉得这种可能性比较小。如果是当即改制，无疑是在纠正一个重大的错误，精于琢磨之工的良渚玉工当不至于那么容易发生诸如此类的设计错误。

改制双子琮虽然不如预制的那么完善，但它提供给我们更多的思考线索。它表明双子琮是按照某种特别的需要制作的，甚至在某种需要中它是必不可少的，不然就没有必要将一件完整的琮一分为二，这是以破坏为前提的。当然我们并不知道这样的需要里包含什么内容，但显然不是为了凑足某一个数才将一变为二的，[1] 这里面的原因还有待进一步探索。

失落的双子琮

双子琮并不都能同时见到，发现它时我们常常只能见到其中的一件，另一件原因不明地失落了。掌握了基本的辨识方法，我们并不难从众多的玉琮中找出那些落单的双子琮。已经见到的和没有见到的不成套的双子琮，都可以说是失落的双子琮。

从现有资料中甄别出来的失落的双子琮，可列举下面的这些例子为证。

1　中村慎一：《良渚文化的遗址群》，载《古代文明》第二卷，文物出版社，2003 年。文章在讨论类似玉琮这种切割现象时，认为"其意图可能是通过切断一件玉琮来增加玉琮的数量"。

浙江余杭反山 M12 出土一件琮，编号为 M12∶97。[1]下射低矮且有残损，饰一组半纹饰。中间为复杂兽面纹，上下为简化兽面纹，中上一简一繁为一组，下面简化兽面纹为半组。很明显这是一套双子琮中的上琮，下琮失落。下琮应有一组半纹饰，兽面纹为两繁一简，与上琮合并为三组纹饰（图 5）。

反山 M17 出土一件琮，编号为 M17∶2。[2]下射低于上射，饰一组半纹饰。中间为复杂兽面纹，上下为简化兽面纹，下面简化兽面纹为半组。这也是一套双子琮中的上琮，下琮失落。下琮当有一组半纹饰，兽面纹为两繁一简，与上琮合并为三组纹饰（图 6）。

余杭瑶山采集到一件矮体玉琮，编号为采 2842。[3]琮体饰一组半纹饰，中间为大眼的兽面纹，上下为简化的兽面纹，上面的简化兽面与中间的大眼兽面合为一组，下面的简化兽面纹半组。这应是一套双子琮中的上琮，下琮失落。下琮的纹饰也应是一组半，中间应是简化兽面纹，上下是大眼兽面纹，上琮与下琮纹饰合为三组，都是一大一小的组合形式（图 7）。

江苏武进寺墩 M5 出土一件玉琮，编号为 M5∶13。[4]琮体较低，上下射均不高。只有一组半纹饰，中间为复杂的兽面纹，上下为简

1　浙江省文物考古研究所：《反山》，文物出版社，2005 年；古方主编：《中国出土玉器全集》第 8 卷，科学出版社，2005 年。

2　浙江省文物考古研究所：《反山》，文物出版社，2005 年；古方主编：《中国出土玉器全集》第 8 卷，科学出版社，2005 年。

3　浙江省文物考古研究所：《瑶山》，文物出版社，2006 年。

4　古方主编：《中国出土玉器全集》第 7 卷，科学出版社，2005 年；江苏省寺墩考古队：《江苏武进寺墩遗址第四、第五次发掘》，载《东方文明之光》，海南国际新闻出版中心，1996 年。

上琮

下琮失落

复原的双子琮

图 5　浙江余杭反山 M12：97 双子琮复原

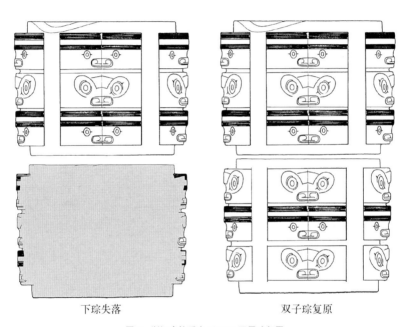

下琮失落　　　　　　　　　　　双子琮复原

图 6　浙江余杭反山 M17：2 双子琮复原

如影随形——关于双子琮　　　　　　　　　　　　　　　　　　　　31

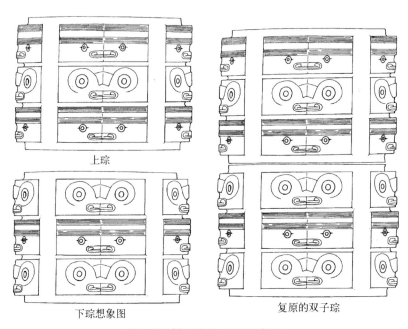

上琮

下琮想象图

复原的双子琮

图 7　浙江余杭瑶山采 2842 双子琮复原

化的兽面纹，上面的简化兽面与中间的复杂兽面合为一组，下面的简化兽面纹为半组。以纹饰观察，下面简化兽面纹应是另一件琮上复杂兽面纹的同组纹饰。那这一件琮就是双子琮中的上琮，下琮失落。下琮的纹饰也是一组半，它的中间是简化兽面纹，上下是复杂兽面纹。上琮与下琮拼合起来后，纹饰合并为三组，都是繁简配合的形式（图8）。

以上发现的单飞的双子琮，都属于良渚文化。在良渚文化之外，也有类似双子琮的发现。

广东封开县杏花镇禄美（又写作鹿尾）村的对面岗，曾出土一件玉琮，属石峡文化。[1] 琮呈上大下小的方筒形，高7.3厘米。从图片上看，上射高出下射一倍有余，饰两组半简略的兽面纹，那半组纹饰是在琮的下端，表明这是双子琮的一件上琮。失落的下琮应当也有两组半纹饰，这一套双子琮对接起来是五组纹饰（图9）。

双子琮落单的原因可能很多，我们猜测其中也许有它在用途上的特别原因，是因为使用过程中产生的失落现象。双子琮也可能有"合符"的功用，但会在什么样的场合使用，还不能说得很明白。如有"合符"过程，双子琮的单飞就不可避免。

不过有一点值得注意，墓葬中发现的双子琮除了少数是成双出土的外，多数都只见到上琮，只发现个别下琮。这也许透露出了一个重要线索，上琮的保存可能要妥善一些，或者说下琮移动的概率要高得多。下琮单飞了，剩下的上琮就随着主人入土了（表1）。

1　古方主编：《中国出土玉器全集》第11卷，科学出版社，2005年；杨式挺：《封开鹿尾村新石器时代墓葬》，载《中国考古学年鉴（1985）》，文物出版社，1986年。

上琮

失落的下琮想象图

复原的双子琮

图 8　江苏武进寺墩 M5：13 双子琮复原

　　　　　　　　　　　　　　王者仗钺

失落的下琮想象图

双子琮复原图

图 9　广东封开面岗出土双子琮复原

表 1　史前双子琮统计数据　　　　　　　　　　　　单位：厘米

出土地点（原编号）		高	射径（上射、下射）	孔径	纹饰	备　　注
上海青浦福泉山	M40:110	8.2	6.2—6.5，6.1—6.2	4.9—4.7	2组半	良渚文化，属改制琮
	M40:26	8.1	6.1—6.2，5.1—5.9	?	3组	
江苏武进寺墩	M5:13	7.3			1组半	良渚文化，属预制琮，下琮失落
		?				
浙江海宁余墩庙		?				良渚文化，属预制琮，上琮失落
	M6	5.9	?—6.6	?—3.4	2组半	
浙江余杭反山	M12:97	9.8—9.9	8.37—8.42，8.27—8.37	6.6—6.4	1组半	良渚文化，下琮失落
		?				
浙江余杭反山	M17:2	6.9	7.6—8.3，7.4—7.9	5.94	1组半	良渚文化，下琮失落
		?				
浙江余杭反山	M21:4	11.3	6.2—5.9	2	2组半	良渚文化，下琮失落
		?				
浙江余杭横山	M2:14	7.5	5.9—5.8	5—4.9	3组半	良渚文化，属预制琮
	M2:21	7.6	5.8—5.6	4.9—4.8	3组半	
浙江余杭瑶山	采2842	5.85	6.6—?	5.9	1组半	良渚文化，属预制琮，下琮失落
		?				
广东封开对面岗	M？	7.3	7.1—6.6	5.9—6.1	2组半	石峡文化，属预制琮，下琮失落
		?				

王者仗钺

余论：关于玉琮上的兽面与人面纹饰

由双子琮的发现与确认，我们知道史前玉琮有成组制作的特征。除了这样的两件套的双子琮，也许还有三件套或 N 件套的多子琮。《周礼》上有"驵琮以为权"之说，这驵琮就是组琮，也就是一套多件的多子琮。驵琮呈什么样式，考古至今未发现，也许早有发现但我们没有辨认出来。

是否存在多子琮，这是后话，暂且不提。不过由双子琮的辨识，却提出了另外一个问题，我怀疑过去的研究者在玉琮纹饰的认识上存在较大偏差。这里想就玉琮纹饰的判读问题，提出一点新的看法。

良渚玉器是史前艺术品中的杰作，它的造型，它的纹饰，体现了良渚人的艺术，也体现了良渚人的信仰。尤其是玉琮上繁复的纹饰，更是那个时代完美艺术的体现，是良渚人深邃精神的极点。许多研究者都想解开玉琮纹饰的秘密，但遗憾的是过去人们都误解了良渚人。

就一般情形而言，良渚玉琮上的纹饰单元有弦纹、简目、繁目、阔嘴这几种。所谓简目，就是简化的眼目，一般是一个圆圈，或者再附加两个三叉形眼角，这便是人们认定的神人面纹。而繁目则是那种扁圆的多重圈眼，中间常常填有繁复的旋涡纹，与它一起出现的是阔嘴，组成人们常说的神兽面纹。这兽面与人面，成了研究者描述良渚玉器纹饰约定的词汇。

玉琮纹饰有以下几种组合形式（图 10）：

a. 弦纹

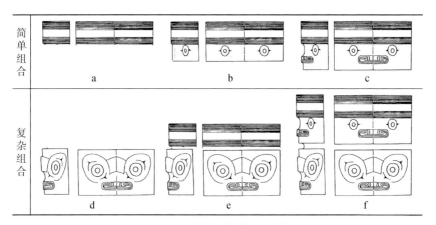

图 10　良渚文化玉琮纹饰组合分类

　　　　　　　　　　　　　　　王者仗钺

b. 弦纹 + 简目

c. 弦纹 + 简目 + 阔嘴

d. 繁目 + 阔嘴

e. 弦纹 + 繁目 + 阔嘴

f. 弦纹 + 简目 + 阔嘴，+ 弦纹 + 繁目 + 阔嘴

在这样六个组合中，可以粗分两大组，第一组是 a、b、c，第二组是 d、e、f。第一组为简单组合，第二组为复杂组合。

第一组简单组合中，a 为最简组合，b 为一般组合，c 为完全组合。

第二组复杂组合中，d 为最简组合，e 为一般组合，f 为完全组合。

在这些组合中，应当体现有时间序列，这个问题留待以后再另文讨论。我们在此重点关注多数组合中都能见到的成组弦纹。弦纹由若干条平行线组成，一般由两组合成，它是冠的简略表现形式。

我们要特别强调的是，玉琮上出现这种冠，有简略的表现形式，也有复杂的表现形式。所谓复杂的表现形式，就是在两组弦纹间再刻出一对简目和一张简单的阔嘴。这样的组合纹饰出现在繁目兽面纹上方时，它表示的应当是神兽面的冠。

在史前和文明时代前期的艺术中，人神之冠常常表现为兽面的样式，这是一种威武的象征。良渚大型墓葬中的墓主人头部有时会发现四枚兽面玉牌饰（图 11），它们正是死者的冠面装饰。[1] 我们意识到，死者的这种装束其实正是玉琮纹饰一个很好的图解。

---

[1] 牟永抗:《良渚玉器上神崇拜的探索》,《庆祝苏秉琦考古五十五年论文集》, 文物出版社, 1989 年。

图 11　良渚文化兽面半圆玉牌饰

反山 M12

　　如此看来，在本文划定的第二组复杂组合中的完全组合 f，所表现的其实是一个兽面戴着一个冠。不作如是观，我们很难解释为何一个繁目组合一定要配上一个简目组合，更没有办法解释为何一个兽面一定要配上一个"人面"。

　　兽面纹琮绝少见纯兽面纹饰，它一般都配有冠。检索玉琮和其他玉件上发现的各类冠的表现形式，大略有如下数种（图 12）：

　　a. 双组弦纹平冠

　　b. 双组加饰弦纹平冠

　　c. 双组弦纹兽面冠

　　d. 双组加饰弦纹兽面冠

　　e. 纵梁羽冠

　　玉琮上最常见到的，是双组弦纹兽面冠，这是最典型的冠式，或者说是玉琮上标准的图式。

　　关于玉琮上的人面纹，陈星灿先生曾产生过疑问，他解释：

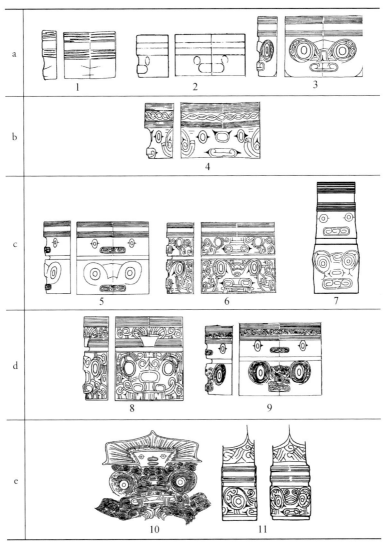

图 12　良渚文化玉器上的兽面冠式

1. 反山 M15：10　2. 反山 M21：4　3. 瑶山 M7：34　4. 瑶山 M10：16
5. 瑶山采 2787　6. 瑶山 M10：19　7. 瑶山采 2816　8. 瑶山采 2789
9. 瑶山 M2：22　10. 反山 M12：103　11. 瑶山采 2808

（上面的人面纹）其实正应该是鸟的面相，因为除了排齿不类以外，溜圆的眼睛正是鸟的特征，制作者大概是以圆眼和利爪作为鸟的象征的。从这个意义说，所谓神人兽面纹，其实表现的主要是鸟和猛兽的复合形象。[1]

这样的认识，应该是颠覆性的。与此相关的讨论，是对良渚玉器"神徽"图像的重新认识。一般研究者以为，神徽像上高大的羽冠下那张并不生动的脸，便是神灵原本的模样。而杨伯达先生认定那只不过是一个假面具，是巫师扮作神灵的一个道具而已。[2]

杨先生的这个说法虽然还没有引起明显的反响，但这种改换角度的新观察却是不容忽视的。在玉琮所见的冠式上，其实也出现了这样的图像，如良渚瑶山采 2789 玉琮上面冠饰兽面纹，虽然没有标出眼鼻，但它明显就是神徽"人面"的摹写，是最清晰的冠饰（图13，1）。见到了这样的兽面，我们再回头看那些"神徽"，就会知道所谓的"神人面"一定只是一个装饰，它就是冠上的一个兽面图案（图13，2—4）。这是一顶完美的兽面冠，它的后面并没有藏着一张脸，神或巫师的脸是在兽面冠的下方。

我们由双子琮的探讨，由双子琮纹饰的组合特征观察，论及玉琮纹饰的结构与意义，指出玉琮之兽面与人面的组合其实是一个整体，所谓的人面其实还是一个兽面，它只是神兽的冠面装饰图案而已。良渚人在玉琮和其他玉件上雕刻了兽面，这兽面还常常戴有兽

---

1 陈星灿：《兽面玉雕·兽面纹·神人兽面纹》，载《远望集——陕西省考古研究所华诞四十周年纪念文集》，陕西人民美术出版社，1998 年。

2 杨伯达：《玉傩面考》，《中原文物》2004 年 3 期。

图 13　良渚文化玉器上的"人面冠"图像

1. 瑶山采 2789　2. 瑶山 M2：1　3. 反山 M22：8　4. 反山 M2：103

面冠，这样的构图形式虽然并没有过于深奥之处，但它还是迷惑了我们的眼睛，让我们将一个简单的事物复杂化了。

本文原名"史前玉器中的'双子琮'——兼说良渚文化玉器上的兽面冠饰"，发表于《文物》2008 年 6 期。

鼎食鼎事

　　文明诞生以后，一些常用的饮食器具被赋予了特别的意义，有的甚至成为权力和地位的象征，或者成为国家政权的标志。食来食去，那些原来的发明者，怎么也不会想到，他们发明的食器还派上了这样大的用场。

　　例如鼎，它不过是一种三足器，三足顶着一个盆，可以炊可以食，这样的陶器在史前时代用了几千年，是非常平常的饮食器具（图 1）。可是到了文明时代早期，平民已经无权用鼎，陶鼎也不行，用鼎成了贵族阶层的特权，他们以地位高低决定用鼎的多少。再进一步，更有了意想不到的观念变化，鼎变得不再是一类简单的食器了。

　　青铜时代的鼎已是青铜铸就的重器，最高级别的贵族——王，用九鼎祭祀、宾客、宴享和随葬，所以"九鼎"成了国家政权的象征，"问鼎""定鼎"这样的词成了最高军事、政治行动的代名词。原先仅仅作为烹饪食物之用的鼎，从商代开始，在贵族礼乐制度下成为第一等重要的礼器，又被称作彝器，即所谓"常宝之器"。鼎不再是单纯的炊器和食器，它成了贵族们的专用，被赋予了神圣的色彩，演化为统治权力的象征。

　　天子用九鼎为制，据说起于夏代。夏代用九州贡金铸成九鼎，

图1 大汶口文化陶鼎

图2 商代晚期司母辛方鼎

图3 西周晚期铜鼎

图4 春秋晚期镶嵌龙纹鼎

可能象征天下九州，即禹平洪水后分天下而定的冀、兖、青、徐、扬、荆、豫、梁、雍九州。传说禹铸九鼎，《左传》宣公三年说："昔夏之方有德也，远方图物，贡金九牧，铸鼎象物，百物而为之备，使民知神奸，……桀有昏德，鼎迁于商，……商纣暴虐，鼎迁于周……成王定鼎于郏鄏。"《史记·正义》说："禹贡金九牧，铸鼎于荆山下，各象九州之物，故言九鼎。"禹铸九鼎，虽然还只是个传说，不过九鼎之象，在后来的考古发现中倒是经过多次验证了的，尽管大禹之鼎至今还没有重光问世。又传说后来"桀有昏德，鼎迁于殷""商纣暴虐，鼎迁于周"。可见三代的更替，是以夺到九鼎作为象征的。

更有可能的是，发端于史前人饮食生活的鼎，文明时代初期虽依然作为饮食器，不过贵族们已经从中抽象出一种至尊的概念，这概念深刻影响了商周时代的饮食生活和政治秩序。商周时期对以鼎为核心的礼器及其制度的逐渐规范，使它上升为国家、王权的象征。这样一来，王权追逐者所倚重的九鼎，就成了标榜他们正统地位的标志（图 2）。

西周贵族墓葬中，一般都随葬有鼎和簋，鼎多为奇数，而簋则为偶数，鬲则随之增减。在考古发掘中，常常发现用成组的鼎随葬，这些鼎的形状、纹饰以至铭文都基本相同，有时仅有大小的区别，容量则依次递减。这就是"列鼎而食"的列鼎（图 3）。

列鼎数目的多少，是周代贵族等级的象征。用鼎有着一套严格的制度。据《仪礼》和《礼记》的记载，大致可分为一鼎、三鼎、五鼎、七鼎、九鼎五等。

一鼎：盛豚，即小猪，规定"士"一级使用。士居卿大夫之下，属贵族阶层最下一等。

三鼎：或盛豚、鱼、腊，或盛豕、鱼、腊，有时又盛羊、豕、鱼，称为"少牢"，为士一级在特定场合下所使用。

五鼎：盛羊、豕、鱼、腊、肤，也称为"少牢"，一般为下大夫所用，有时上大夫和士也能使用。周代王室及诸侯国官吏爵位大致分卿、大夫二等，其中卿又分上中下三级，大夫亦是。

七鼎：盛牛、羊、豕、鱼、腊、肠胃、肤，称为"大牢"，为卿大夫所用。所谓大牢，主要包括有牛，再加上羊和豕，而少牢主要指羊和豕。

九鼎：盛牛、羊、豕、鱼、腊、肠胃、肤、鲜鱼、鲜腊，亦称为"大牢"。《周礼·宰夫》说："王日一举，鼎十有二"，注家以为十二鼎实为九鼎，其余为三个陪鼎。九鼎为天子所用，东周时国君宴卿大夫，有时也例外用九鼎。

簋盛饭食。用簋的多少，一般与列鼎相配合，如五鼎配四簋，七鼎配六簋，九鼎配八簋。九鼎八簋，即为天子之食，规格算是最高的。

这种饮食上的等级制度，被原封不动地移植到埋葬制度中。考古发现过属国君的九鼎墓，也有不少其他等级的七鼎、五鼎、三鼎和一鼎墓，没有鼎的小墓一般见有陶鬲，这是平民通常所用的炊食器。能随葬五鼎以上的死者，不仅有数重棺椁，还有车马殉人，各方面都显示出等级的高贵，他们属高级贵族（图4）。

到了后来，春秋五霸之一的楚庄王，听从申无畏等大臣的规劝，不再沉湎酒乐，发奋而起，"一鸣惊人"，与晋国在中原争霸。他陈兵东周王朝边境，炫耀武力，颇有取周而代之的意思，于是向周王

图 5　汉画泗水捞鼎图

室大臣问九鼎的"大小轻重"。后世将"问鼎"比喻为图谋王位，正缘于此。传说到战国晚期的周赧王十九年，秦取了周的九鼎，其中一鼎意外落入泗水中，余八鼎入秦。值得回味的是，九鼎如此神圣，到了战国时竟被弄得下落不明，成了一桩历史公案。因而在汉代画像石上，还见有刻画着泗水捞鼎的场景，可见那时对九鼎的清晰印象（图5）。

图 6　古代的三足器

鼎在秦汉时代还在继续影响人们的精神生活，"鼎食"仍被作为高贵地位的同义词，一些士人仍将追求鼎食作为人生的终极目标。汉武帝时主父偃抱定"丈夫生不五鼎食，死则五鼎烹"的信条，勤奋求学，武帝恨相见太晚，竟在一年之中将他连升四级。

鼎是从众多饮食器中抽象出来的象征，这是吃出来的政治理念。古人从那么多的器具中（图6）选中了鼎，其中的道理值得好好研究。

酎金酎酒

南昌汉海昏侯刘贺墓中出土许多黄金，这些黄金的用处是什么？一开始就让人感到困惑。不过，一枚写着"南藩海昏侯臣贺元康三年酎金一斤"字样墨书金饼的出现，问题似乎有了较为确定的答案（图1、2）。至少，一部分黄金应当是酎金。那这酎金是什么？要明白何谓酎金，得先明白何谓酎酒，因为酎金因酎酒而得名。

所谓酎酒，是先秦时代就已经出现的一种精酿酒。作为酒名，酎见于《左传》襄公二十二年之诸侯"尝酎"，杜预注说："酒之新熟重者为酎。"所谓"重"，重复酝酿之意，二重三重都有可能。《楚

图1　海昏侯墓出土墨书金饼

图2　海昏侯墓出土金饼上的墨书文字

辞·招魂》"挫糟冻饮，酎清凉些"说到酎，《楚辞·大招》中"四酎并熟，不涩嗌只"也提到酎，四酎可能为四次复酿而成，所以味醇可口，完全没有口涩的感觉。

《礼记·月令》中有"天子饮酎"一语。注家明言"酎之言醇也"，好酒。《说文》说酎是三重酒，谓重酿之酒也。注《汉书·景帝纪》之"高庙酎"，张晏更明说"正月旦作酒，八月成，名曰酎，酎之言纯也"。不仅是两次三次复酿，而且要经过大半年的时间，才酿出美味的酎酒来。

有了美酒美食，一定会想起祖宗。汉文帝时规定每年八月祭高祖庙，要献酎饮酎。诸侯王和列侯都可参与饮献。不过这机会不是白给的，这酎酒可不是白饮的，你可得带着上好的黄金来助祭。这黄金遇着酎，于是就出现了一个新名词——酎金，沾上了酒气的黄金。

带多少黄金来饮酎呢？规定是很明确的，有一个底限，按封国人口计数，每千口俸金四两，由少府验收，皇帝亲临受金，酎金之制由此产生。献金规矩非常苛刻，所献黄金如量色不足，王要削县，侯则免国。汉武帝曾借献酎金不足为名，削弱和打击诸侯王及列侯势力。因列侯无人响应号召从军赴南越，武帝便借口酎金不如法，夺去列侯一百零六个爵位，丞相赵周也因知情不举下狱而被迫自杀。这即是西汉历史上有名的"酎金失侯"事件，酎金也由此著为法令，称为"酎金律"。

表面上看，好酒献给祖宗了，却是黄金借着酒气发飙了。酎金与酎酒孰重？当然是金。借祖宗之名，借美酒之气，强索政治献金，皇帝也可以这么当。金色足不足，分量够不够，可以检验心是否赤诚。

再说刘贺。他的墓中为何出现酎金？现在有了两种解释：一是皇帝赏赐的，一是刘贺备金而示及助酎的。究竟是怎么一回事呢？

对金饼上的文字，可以小作解析。"南藩海昏侯臣贺元康三年酎金一斤"，献金人、时间、酎金名称、重量，全都交代清楚了。首先"海昏侯臣贺"，这是刘贺自称吧，说明预备的是献金而不是得到的赏金。其次"元康三年"，这是刘贺封海昏侯的当年，而封侯之日他就没有了助祭的资格，没有了献金的机会。《汉书》本传记载的封侯诏书曰："盖闻象有罪，舜封之，骨肉之亲，析而不殊。其封故昌邑王贺为海昏侯，食邑四千户。"如此，刘贺助祭时准备的酎金，就得以这四千户的人口计数。可是他不用准备了，为什么？因为有个侍中卫尉金安上给他奏了一本，说刘贺被上天所弃，陛下至仁又复封为列侯，但这是个"嚚顽放废之人，不宜得奉宗庙朝聘之礼"。宣帝同意了，刘贺因之远途"就国豫章"。

什么意思呢？封这个侯且不论大小如何，要命的是再也不准参加宗庙的各种仪式。不仅不被认作是刘家人，也等于彻底被排除出政治圈子。这个处理很严重，刘家清理门户了。不能参加宗庙祭祀，也就没有献酎金的机会了。

顺带说说那个上书的金安上，他是何许人也？金安上，其父金伦，本为匈奴王子，归汉后早死。安上也算个王孙，忠诚汉室，仕途平顺。少时为侍中，很受宣帝宠爱。他揭发过楚王刘延寿反叛阴谋，获赐爵关内侯。后来霍氏反时，他严卫宫门，因功封都成侯，官至建章卫尉。一个外人，来帮刘家清理门户，也是挺讽刺的吧。

想起刘贺墓中出土的那枚"大刘记印"，好像又觉出了一种特别的含义。我本刘家人，这可是无法改变的！我要准备酎金，还要参加宗庙礼仪！酎金准备好了，但助祭的资格被免了，准备好的酎金也就不用上贡了，最后酎金与玉印就这样成了随葬品。

这因酒而得名的金子，沾着浓烈的酒气，走进了历史，如今又走进了我们的视线，让今人有机会看到了帝王术的那些小把戏。

小璧大史

古代的玉器，最初大体都是实用器，以装饰类器形为多。后来的玉礼器，应当是为顶层社会设计的，部分礼玉的形制，也源于实用器，有的略有变形，其中以玉璧的出现最有意思。玉璧本依手环造型，器体向平面扩展，成为一个宽且平的环形。当然如果向立面扩展，就成了高且方的琮。考古发现的早期玉璧，有的像镯一样戴在死者的手腕上，这是判断环与璧关系的重要证据。

璧的用处，依《周礼·大宗伯》所说"以苍璧礼天"，是最重要的礼器。又见《典瑞》说"疏璧琮以敛尸"，又是一种高等贵族用于埋葬的器具。祭天、礼地、敛尸，成了琮与璧的主要用途，考古界和收藏界的许多讨论也都围绕这些论点展开（图1）。

琮璧的作用并不只有《周礼》所述的这些。除了礼神敬祖之外，它其实更常见的用法应当是敬人，是卑下亲尊上的必备礼物。

说起璧，我们想到了管子。管子是春秋时期齐国的上卿，被称为"春秋第一相"，辅佐齐桓公成为春秋时期第一霸主。管仲的著作，今存《管子》76篇，内容非常丰富，其中《轻重》等篇，是古代典籍中不多见的经济学著作。

《管子·轻重》中有一个很特别的故事，讲的就是璧。一天齐桓公愁容满面地对管子说："寡人很想西行朝贺周天子，可是献礼的贡物不足，难以成行，有什么办法呢？"管子想了想，做出了这样的回答："请下令城中阴里人家，筑起三重院墙，紧闭九道门窗，让玉人在里面秘密地琢石为璧。石璧径尺者定价万钱一个，八寸者八千，七寸者七千，珪四千，瑗五百。"（图2）

等到石璧的数量准备充足时，管子专程西见天子，他对天子说："我们小邑之君，想率诸侯前来朝拜先王祖庙，来领略周室风范。请下令天下诸侯，前来朝贺的人一定要用彤弓石璧作献礼。没有带彤弓石璧的，不准进入庙堂。"天子居然高兴地答应了，然后以管子的说辞号令天下，你要来见，就一定要带上璧。

结果呢，别国哪来得及造那么多的璧，天下诸侯只得满载黄金珠玉五谷文采布帛，夜以继日地赶往齐国，去换取齐人的石璧。齐国的石璧因此流传天下，而天下财物也源源不断地运送到了齐国。这次收获，让齐国八年没有征收赋税。这个事件，被称为"阴里之谋"，又称"石璧谋"。

这个近乎寓言的故事，曾让古人产生过怀疑，不相信实有其事。不论石璧谋是否真有其事，齐国强盛起来了是事实，人家称霸了也是事实。石璧给齐国带来的不仅是财源，更重要的是政治资源，通过石璧的造和卖，齐国开始号令起诸侯来。

到了战国时期，又有一段与璧相关的很重要的历史，就是和氏璧完璧归赵的故事（图3）。历史上发生过许多与璧相关的故事，不过只有完璧归赵，将璧的价值演绎得最生动。许多古籍如《韩非子》《新序》，都记录了与和氏璧相关的掌故，司马迁的《史记·廉颇蔺相如列传》也记录了此事。

故事说春秋有个叫卞和的楚人，在荆山发现了一块玉璞，他觉

　　　　　　　　　　　　　　　　　王者仗钺

得是难得的宝贝，就拿去献给楚厉王。厉王命玉工查验，玉工看走了眼，说只不过是一块普通的石头。厉王怒以欺君之罪砍下了卞和的左脚，并逐出国门。厉王死后武王即位，卞和又捧着璞玉去献武王，玉工仍说是石头，卞和因此又失去了右脚。

到了楚文王继位，怀揣璞玉的卞和在山边痛哭了三天三夜，哭得两眼溢血。文王以为他是因被削足而悲伤，卞和说是因宝玉被认作石头、忠贞之士被当作欺君之臣而痛心。文王动了心，命玉工剖开璞玉查验，结果证实是稀世宝玉。卞和为这块玉失掉了两只脚，不过也算修成正果，这宝玉后来被玉工雕琢成了一块玉璧，名为"和氏之璧"。

和氏璧在流传中名声越来越大，价值也越来越高，有"价值连城"之说，成为"天下所共传之宝"。后来楚国用和氏璧向赵国求婚，宝玉也就成了赵国的最爱。

或说到了楚威王时，威王将玉璧赏赐给了伐魏有功的昭阳相国。一次昭阳在水边宴宾赏璧，有人高呼"渊中有大鱼"，待宾主临渊观鱼回席，和氏璧已不翼而飞。有人怀疑是相府门人张仪窃走了玉璧，可拘拷无果。这张仪可不是等闲之辈，受辱后一直怀恨在心，后来入秦拜相，玩出了拘楚怀王、克楚郢都、取楚汉中的大戏，也算是报了仇。

玉璧被窃后辗转流入赵国，为赵太监缪贤所得，又为赵惠文王所有。秦昭襄王听说和氏璧到了赵国，提出以十五座城池作交换。处于弱势的赵国明知有诈，可也不敢怠慢，不情不愿地派蔺相如奉璧使秦。

秦王虽见了蔺相如带来的和氏璧，却无意给赵国城池。蔺相如

图 1　山西曲沃晋侯墓地西周璧

图 2　河南光山宝相寺黄君孟墓春秋璧

图 3　湖北江陵望山 2 号墓战国楚玉璧

知结局不妙，他心生一计，编了一通理由诈秦王说："和氏璧天下闻名，在我送它入秦之前，赵王斋戒五日，举行了隆重的送宝仪式。现在秦王要接受这宝玉，也应该斋戒五天，举行接受宝玉的正式仪式。"秦王信以为真，却不知在他等待的这几日里，蔺相如已经暗地里派人携璧回赵，正所谓"完璧归赵"也。

赵国后来还是没能保住自己的宝贝，秦破赵，和氏璧终为秦所得，秦始皇为拥有和氏璧而自豪。秦将玉璧改为传国玉玺，丞相李斯写了"受命于天，既寿永昌"八个篆字，由玉工孙寿刻到了玺上。和氏完璧虽然没有保全，它却再一次升值，由璧变玺，成为皇权的重要象征之一。

和氏璧因为是世间稀见的美玉，是古人与天等观的环璧，所以价值连城。又因为它来历不凡，传承不俗，还是忠诚与气节的象征。

一件"和氏璧"引出一串故事，还留下"完璧归赵""价值连城"的成语，文化价值不可低估。这样的璧确实值得珍爱，它并不仅仅是一块楚王识得与识不得的玉。

秦的传国玉玺并没有让秦国一代代往下传，秦国很快就灭于汉，又一个新王朝登上了历史舞台。

不过在刘汉立国之前，又演了一场与璧相关的大戏，就是所谓的鸿门宴。那时项羽同刘邦夺天下，争王位，项羽已然占了上风。有人告诉项羽，说刘邦自己要称王，急坏了的刘邦前往项羽的鸿门阵前说明并无此事。项羽大约也有些相信刘邦的言语，可他的手下为了彻底了结刘氏集团，准备在鸿门宴实施斩首一招。酒宴上刀光剑影，险情迭出，这当口居然有几种玉器登场，其中就有两件玉璧。

以《史记·项羽本纪》的叙述，先是范增几次用目光示意项王，还三次举起所配玉玦提醒。玉玦本寓决绝之意，这是说一定要快作决断，可是项王默然不应。刘邦见情势急迫，借故出外如厕，然后就不辞而别逃走了。

不过刘邦也算是精明十分，他随身带了两样四件玉器（两件玉璧、两件玉杯），嘱张良返帐中分送项羽和范增。项羽接受了白玉璧，放到座位上。范增则将玉杯摔在地上，还拔出剑砍碎了它，哀叹说："夺走项王天下的一定是沛公，我们这些人就要被他俘虏了！"

项羽收了璧，心里似乎踏实了些，玉璧象征天，象征王权，刘邦送了这么重的礼，不就是说明他没有野心吗？他没有派兵去追赶刘邦，而刘邦早就安全地回到了营中。那后来呢，本来经过三年苦战已经如愿的西楚霸王，又经五年战事，最后四面楚歌，自刎而亡，天下归汉。

小器物写下了大历史。玉璧反复出现在历史舞台上，它怎么有那么大的魅力？这正是信仰的力量。

本文原名"小物件写下大历史"，发表于《光明日报》2016 年 8 月 12 日 9 版。

琮璧君后

琮璧向来是玉器研究中受关注的对象，关注的核心是它们的形制和用途。不过关于琮璧的名称，却没有见到太多议论。我最近对这两种古代重要玉器的名称有一种猜度，其中的道理并无十足的把握，想提出来供学界讨论。还要由名称而及用途，对过去人们不大注意的琮璧的另类用途略抒己见，希望能引起相关研究者的兴趣。

琮、璧与宗、辟

琮璧的名称，让人颇费思量。依《说文》的解释，两字的部首是表玉质，"宗"与"辟"则都是表音。这两个音，我觉得其实应是实名，并不是单纯的注音，它们各有来历。

先说辟。《诗经》中有辟王，如《大雅·棫朴》"济济辟王，左右趣之。济济辟王，左右奉璋"，《周颂·载见》有"载见辟王，曰求厥章"。这里的辟王，就是周天子。孔颖达《毛诗注疏》解"荡荡上帝，下民之辟"，说上帝是托言君王，辟就是君，是天子。

《尚书》中也有辟，也指的是天子。如《尚书·尧典》："嗣王戒哉，祗尔厥辟"，《书传》说："辟，君也。"《尚书·洪范》："惟辟作福，惟辟作威，惟辟玉食"，《尚书全解》引王肃语曰："辟，君也。"

古人注《书》解《诗》，均以辟为君，为周王，为天子。《尔雅》也说：皇，王后；辟，君也。

还有《汉书·五行志》有"辟遏有德"，应劭注云：辟为"天子也"。汉晋称诏书为"辟书"，称天子征召为"辟命"，如《后汉书·贾逵传》："隐居教授，不应辟命。"

贾谊《新书·审微》说到这样一个故事：卫侯要朝见周天子，周行人问他的名号，说是"卫侯辟疆"。周行人听了不高兴，对卫侯说："启疆、辟疆为天子之号，诸侯是用不得的。"卫侯不得已更改了自己的名字，如此天子才接受了他的朝见。可见辟字的用法，还是有明显的限制的。

还需要提到的是，《礼记·王制》曰：天子之学曰辟雍。《韩诗外传》说，辟雍"圆如璧，雍之以水"。班固《白虎通》说："天子立辟雍何？辟雍所以行礼乐、宣德化也。辟者，璧也。象璧圆，以法天也。雍者，雍之以水，象教化流行也。"辟雍之义，本取象于璧，《论衡》干脆写作"璧雍"。《说文》和《说苑》又说，辟雍为天子飨饮之处。不论怎样说，这辟雍都是天子活动的地方，以辟（璧）取名，也在理中。

《五经通义》云，辟雍为养老教学之所。辟雍的建筑，以形制言之：雍，雝也；辟，璧也。雝水环之，圆如璧形。以义理言之：辟，明也；雍，和也。

后代学人也都没有异说。元代刘瑾《诗传通释》云：辟，璧通；廱，泽也。辟廱，天子之学，大射行礼之处也。水旋丘如璧，以节

　　　　　　　　　　　　王者仗钺

观者，故曰辟廱。清李光地《诗所》说：辟廱，学名也。辟，璧也。廱，雍也。四面雍水环之，周圜如璧也。

这些解说将天子、辟、璧相提并论，这样说来，辟之名可以是天子，也可以是璧。天子享以璧，璧是献给天子的，因此有了天子的称名"辟"。璧的得名，是顺理成章的事，辟（天子）之璧用以祭天，也是顺理成章的事。

再说宗。《玉人》说："驵琮五寸，宗后以为权。大琮十有二寸，射四寸，厚寸，是谓内镇，宗后守之。"宗后是天子之后，是王后。据明代王应电《周礼图说》的解释："宗后者，或先王之后，或王后。世次相传以主内政，故曰宗也。"

日本学者林巳奈夫说，玉琮是主，又称为宗。[1] 中国学者像这样理解琮的还不多，这是一个很值得重视的说法。

享宗后以琮，琮是献给宗后的，琮因此有了宗后的称名"宗"。琮的得名，是顺理成章的事，宗后之琮用以祭地，也是顺理成章的事。

天子之璧，宗后之琮，在周代仪礼中这种区别是很明显的。《周礼》之《典瑞》与《玉人》，多次提及祭祀与献享用到璧琮，而且对规格大小还有限定。最高规格的璧为九寸，为诸侯献享天子的礼品。诸侯享夫人，用的是八寸瑑琮。宋代王昭禹《周礼详解》论及《小行人》中"璧以帛，琮以锦"，为侯伯之享礼，"盖璧有辟之道，礼天之玉也，故以享天子。琮有宗之道，礼地之玉也，故以享后"。辟之道就是天子之道，而宗之道就是宗后之道。享天子璧以帛，享宗

1　转引自丁乙：《良渚文化璧琮意义研究》，《中国文物报》1989 年 11 月 24 日。

后琮以锦，两种玉器的包装都是有区别的。

也许这样的说法是一种倒置，不一定是礼天之玉才用以享天子，而是因璧为天子所用玉才可以祭天。同理，不一定是礼地之玉才用以享宗后，而是因琮为宗后所用玉才可以祭地。

在本文撰写过程中，意外读到了周南泉先生一文，很受鼓舞。原来他在 20 年前就发表过类似的认识。周南泉先生引用《说文》所言，"璧，从玉，辟声"，说：

辟，显然是璧所具有的真正含义。查诸古籍，辟字的本意有多种，其代表和象征着天、君主和法。

辟究竟何指，他没有明说。谈到琮的名称，周南泉先生说，琮，从玉，宗声。

查宗字，共有三种含义：一是自然界的某种神及日、月、星、河、海、岱的代表和化身；二是祖庙的同义词；三是主管祭祀之某种特定的官职名。

宗究竟何指，他也没有明说。周南泉先生虽然没有进一步展开讨论，但是他已经接触到了问题的实质。可惜他的讨论没有引起注意，没有产生相应影响。[1]

1　周南泉：《试论太湖地区新石器时代玉器》，《考古与文物》1985 年 5 期。

琮璧本义及引申

我们以周代的相关制度为依据，说琮璧的名称与天子和宗后相关。但在周代之前，琮与璧早已出现，它们最初的名称是什么，我们并不知道。假设周代琮璧的名称承自更古老的时代，比如辗转承自良渚人，那我们要问，辟、宗之名会有如此悠久的历史吗？

不少研究者注意到，在良渚文化墓葬中，随葬琮璧可能已经形成了一定的制度。蒋卫东先生就指出：

> 良渚玉璧的使用界限不及玉琮、玉钺分明。玉琮，只出土于规格较高的良渚大墓，而玉钺的界限更严，只有在良渚最高级别的大墓中才有出土，有玉钺必有玉琮，一般一座墓只随葬一件玉钺。玉璧的使用界限相对要宽松得多，也更具有独特性。

瑶山 12 座墓葬中有几座是出土玉钺、玉琮的最高级别的大墓，却不见一件玉璧。[1]

虽然良渚墓葬中璧与琮的随葬已经有了一定的规制，但我们还不能确定当时是否已经有了王与后的名位。假设由琮璧的名称判断那时已出现了王与后，哪怕只是最初意义的王与后，那也将是探索文明形成的一个新的命题，值得深入研究。另外，假设同时出土玉钺、玉琮的最高级别的大墓，表示的是女权至上的特征，对于良渚

1　蒋卫东:《试论良渚文化玉璧》, 载《浙江省文物考古研究所学刊》, 长征出版社, 1997 年。

社会的研究，将是又一个新的命题。

当然，我们也可以作一种反向思考。也许是先有了璧和琮的物名，也许是良渚人最先赋予了两种玉器这样的名称，也不必问为什么要取这样的名称，因为两种玉器拥有者的身份不同，璧和琮分别成了身份的代称。或许在造字之初还没有玉字的部首，只有"辟"与"宗"，及至周代，这样的名称还被保留着。不过到了汉代，一般人就不明所以了，还要进行注解才能明白。

这样说来，天、天子、辟、璧是一组同义词，地、宗后、宗、琮是对应的另一组同义词。辟与宗是我们展开讨论的基点，是理解璧与琮的门径。

关于琮、璧的来源

许多玉礼器，都可以找到实用器的原型，它们是实用器逐渐演变的结果。但对于琮璧而言，却很难给出一个确切的定义，不大容易明白它们的来源。学者们多年来进行了许多探索，有许多推测。

琮的形制，尤其是多节长琮的形制，让我们很难明了琮的来源。从已经发表的诸多见解看，琮源出环镯的议论占有优势，也较有说服力。杨建芳先生根据早期琮的形态特征，认为琮起源于镯。[1] 赵晔先生对良渚玉琮的形制和出土位置作了研究，指出：

玉琮的基体是圆筒形，从类型学上看，它们都应来源于玉镯。

1　杨建芳：《玉琮之研究》，《考古与文物》1990 年 2 期。

在良渚文化中，玉镯一路向筒形器发展，另一路向玉琮发展。

通过玉琮在墓葬中出土的位置，认定其中有些琮是戴在腕上的，而且以右手多见，形态较为扁平，孔径一般在 7 厘米左右，接近镯的样子。那些多节的高筒形琮时代较晚，一般不再适于佩戴。[1] 不过多节琮一般表现为上大下小的特点，殷志强先生注意到了这一点，认为良渚文化玉琮上大下小，上大和内圆均象征天，下小和外方均象征地。[2] 是否也可能因为加宽的手镯本来就要求上大下小，以适于手臂的上大下小？琮虽然不再适合佩戴，但在制作时依然保留原先作为手镯佩戴的形态特征。还值得注意的是，有研究者统计过大琮的内径，一般都在 6—8 厘米，这也是它曾作为手腕佩戴物遗留下来的又一形态特征。琮原本的形态当为镯为环，它是由实用饰品演化而来的礼器。

王明达先生认为琮与镯无关，理由是许多葬钺的男性墓中有琮，女性墓却少见。[3] 我们在判定墓主性别时，可能是以是否拥有钺为前提的，那会不会是相反的情形呢？如果钺与琮都为女性所有，那可能就是另外的解释了。

关于璧的来源，过去讨论很少。读《说文》的定义"璧，瑞玉，环也"，会有一些启发。璧作为一种环状器，与瑗一样，可能也起源于实用的环镯。蒋卫东先生论良渚文化玉璧，提及良渚早期的张陵

1　赵晔：《良渚玉琮新探》，载《纪念浙江省考古研究所建所 20 周年论文集》，西泠印社，1999 年。

2　殷志强：《良渚文化玉琮为何上大下小》，《东南文化》2000 年 2 期。

3　王明达：《良渚文化若干玉器的研究》，《东方博物》1996 年 3 期。

山 4 号墓，该墓出土的琮为接近镯的短圆筒形，还有"瑗式璧"2件。[1] 所谓瑗式璧，是规格还不太标准的璧。

璧、瑗之类圆环形玉礼器的祖源应是环镯类实用装饰品，其他如有领环、有领璧也有可能由环镯变化而来。环镯由平面方向发展成瑗成璧，随着"肉"宽的变化，形状有明显改变，逐渐趋于扁平形。环镯由立体方向发展成筒成琮，随着高度的变化，形状有明显改变，逐渐趋向高筒形。环镯就这样循着一横一纵两个方向变化，变成了璧与琮两大类新器形。时代再晚一些，又出现了有领璧和有领环。对于这样的变化，可以用图示表达如下：

筒形器很值得关注，它是琮的过渡形态，琮出现后它仍然存在。筒形器还可能与璧、瑗结合，产生有领璧、有领环。

虽然环镯在形态上发生了明显变化，但它们也有不变的地方，它们始终保持着初始的特征，就是它们的孔径（"好"）大体是接近的，这也许可以看作它们不能改变的胎记。无论是瑗、璧、琮、筒形器、有领璧、有领环，它们与环镯的内径都是接近的。

好三寸以为度

环璧的内径，古称为"好"。《周礼·玉人》说，璧"好三寸

1 　蒋卫东：《试论良渚文化玉璧》，载《浙江省文物考古研究所学刊》，长征出版社，1997 年。

以为度"，意思是璧"好"的规格一般以三寸为准，或者说大不过三寸。

以案头报告粗略统计，广汉三星堆 2 号坑玉璧、瑗、环，好径多在 6.2—6.7 厘米，最大不过 6.8 厘米。如以战国一尺约 23 厘米计，三寸当 6.9 厘米，"好"应当没有超过三寸之数。

我们注意到《三星堆祭祀坑》报告中有这样的一段话：

> 璧、环、瑗等玉石器由大到小，似呈有规律的递减，但大小器物的好径却基本相等，只是肉的宽度不同……这可能是因为当时制作这类玉石器的管钻工具有特定的直径大小，或者在制作上较为随意。另一方面，这也可能与当时玉璧类礼器的使用有关，似乎这些器物都由大到小按规律依次递减变化制作成配套组合的形式。1931 年在广汉真武村发现的玉石器窖藏中的石璧就是按大小递减，垒叠成尖塔状；1987 年又在真武村仓包发现一祭祀坑，据调查，坑内的石璧也是按大小依次递减，叠垒成塔状，同样证明了璧、环、瑗的大小呈递减形式与使用方式有关。[1]

岂止如此，其他地点也是如此，璧、环、瑗之外，琮、镯、戚之类，凡是需钻大孔的，孔径大多在 5—7 厘米。

这只说明一个问题，这些器物的造型可能只有一个祖型，它应当是镯。镯径大小，为女子之腕径，正在 5—7 厘米，平均 6 厘米。正因为有了这个祖型，所以好径才没有改变。也正因为如此，考古

---

1 四川省文物考古研究所：《三星堆祭祀坑》，文物出版社，1999 年。

才发现了这样一些证据：琮有戴在腕上的，有领环也有戴在腕上的，镯、钏、环之类，就更不用说了。

好三寸，自然是腕三寸，以三寸之腕为度。这三寸应当不超过7厘米，一寸不过2厘米余，大体合于周汉尺度。这三寸（约7厘米）可以看作一个常数，是腕围镯径之数，现代的环镯内径仍然如此。以腕围定内径，也在情理之中。肘、指、手、足，在古代都可以是度量的参照。

如果以商尺长15.8厘米左右计，周以前的三寸不足5厘米，也许与史前的情形相去不远。要达到7厘米的常数，应当是四至五寸。

琮、璧、瑗的好多为三寸，这是非常值得关注的现象。

璧羡度尺

《周礼·典瑞》说：

璧羡以起度。

在《玉人》中再次提及：

璧羡度尺，好三寸，以为度。圭璧五寸，以祀日月星辰。璧琮九寸，诸侯以享天子。

《玉人》还说：

璧琮八寸，以眺聘。……牙璋、中璋七寸，射二寸，厚寸，以起军旅，以治兵守。驵琮五寸，宗后以为权。大琮十有二寸，射四寸，厚寸，是谓内镇，宗后守之。驵琮七寸，鼻寸有半寸，天子以为权……瑑琮八寸，诸侯以享夫人。

《周礼》提到的璧琮之于度量与权衡的关系，过去研究者似乎没有太多注意。不过古代的经学家倒是作过一些解释，尽管他们的结论并不完全一致。

先来看"璧羡度尺"。何谓璧羡？宋卫湜《礼记集说》言"周公摄政，始作璧羡，以起天下之尺度"，是说璧羡是一个可以作尺子使用的器具。宋聂崇义《三礼图集注》说："《典瑞》云：璧羡以起度。先郑云：羡，长也，此璧径长尺，以起度量。后郑云：羡，不圆之貌，盖广径八寸，袤一尺。又案《玉人》云，璧羡度尺，好三寸以为度。先郑解羡，径也；好，璧孔也。"先郑解释"璧羡"就是璧的直径，也就是说用直径一尺的大璧当标准尺子使用。后郑却说这璧羡是长径一尺、短径八寸的扁璧。宋王与之《周礼订义》依从此说，以为"周人璧羡之制，纵十寸横八寸，皆为度尺"。根据这样的理解，在宋代杨甲《六经图》上，璧羡的模样被画成了中间有穿孔的梭形。

明邢云路《古今律历考》说：

先郑释羡为径是，后郑释羡为延非。康成谓羡不圆，延其袤一尺而广狭焉者，盖以璧应圆九寸，减广一寸以益上下之袤一寸，则上下一尺，广八寸狭谓八寸，此说非也。

他不同意后郑之说。实际上，这"璧羡为度"，不会是要造出一个扁璧来，而是说有了九寸之璧，那八寸十寸之数自然就可以准确得到了。

我们也注意到，在今人的著作中，有将一种璧式钺认作"璧羡"的，这还值得斟酌。

璧羡度尺是过去研究者关注不多的话题。可以作标准尺使用的璧是天子九寸大璧，我们期盼考古能有发现。

驵琮以为权

《周礼》记驵琮有七寸、五寸的区别，分属天子与宗后。何谓驵琮？宋代王昭禹《周礼详解》说：

> 以琮为权，以组系之，则谓之驵琮。权以等轻重，先王惧其制之不存，则天下后世无所考焉，故天子与宗后皆有驵琮以为权。

是说穿系上组带，驵琮就可作为权来使用了，这驵琮便是组琮了。元陈友仁《周礼集说》云：

> 以琮为权，以组系之，则谓之组琮。

周汉时代衡秤（天平）所用的砝码为环权，是一个值得注意的线索。驵琮为权，这权自然是砝码之属。这样的砝码并不是后来的秤锤，用不着什么穿系的鼻，"驵琮七寸，鼻寸有半寸"未必是实。

　　这驵琮之权，过去几乎没有讨论，至今也未发现可以确定为权的琮，也许宗后的权琮，今后会有出土。不过考古发现中有一个现象还是值得注意的，就是良渚人的玉钺，常常有小琮作装饰，一两件小玉琮用丝绦穿起，挂在钺背。这显然是一种象征，是"权"的象征。后来宗后以组琮为权，渊源也许在这里。

　　宋王安石说过：

　　　度在乐则起于黄钟之长，在礼则起于璧羡。先王以为度之不存，恐礼乐之文息，故作此使天下后世有考。

之所以有璧羡和组琮，是因为"以璧羡起度，则尺寸不可移；以组琮为权，则轻重不可欺"。[1]实际上，璧并不作尺子用，琮也不作权用，象征的意义更明显一些。

　　本文原名"琮璧名实臆测"，发表于《文物》2006年8期。

1　王安石：《周官新义》。

崧泽说器

　　30 年过去了，我对崧泽已经逐渐淡忘，这两天的活动和研讨又让记忆慢慢清晰起来，有旧记忆也有新印象。说一说感受吧，想来崧泽也曾是我的最爱。

　　在此说崧泽，我想要表达的一个中心意思是，中国古代文明中有很重要源流来自东南或者说东方。中国古代文化的形成，并非局限于某时某地，而是具有明显的汇流性质。汇流是交汇也是容纳，是择其优而聚之，可以远距离洲际间的汇流，也可以是东西南北不同流域的交汇。

　　以礼仪观念而论，崧泽文化的钺和璜，包括良渚文化的琮和璧，是汇流于中国文明的来自东南的重要源泉。

　　以饮食传统而言，崧泽文化的鼎、豆和甗，也是汇流于中国文明的来自东南的重要源泉。

　　先说玉器。玉器中的钺，我们在这次展览中看得很清楚，还有前两年我们看到的张家港东山村的钺。印象最深的是扁平形或近风字形的很张扬的钺，钺呈扁平形，很轻便，但不失威严。可是这个时期的庙底沟的钺是什么样的？考古中也发现有玉钺，李新伟先生在灵宝西坡发掘到随葬玉钺的墓葬，那件钺虽然是玉，还是一把斧头嘛，很明确的类似石斧的形状，就是阎村的陶缸上绘出的那个钺，它也是斧子，但不像良渚这样的，不像崧泽这样的。良渚作为礼器的钺在崧泽就已经定型了，大致与庙底沟的年代同时。我也记得海安青墩出过这个时期的陶钺，那就是一个礼器的模型。我也记得这个时期的金坛三星村出过装备比较齐全的有头有尾的钺，当然还有晚一点的良渚的更精致的钺。现在我们知道这种扁平长弧形的钺是崧泽人的首创，成为良渚和后来商周钺的一个定式。

商周的王钺就是这个样子，整体保留了崧泽和良渚时的形态。大家还知道商周的钺有玄黄之分，玄钺黄钺。我认为这个钺有可能有性别之分，一个很重要的例子就是，武王灭商的时候，砍纣王拿的是玄钺，纣王已经自焚没命了，武王还要象征性地用玄钺再砍它一下。可是接着去砍纣王的几个妃子的时候用的是黄钺。为什么有这个区别？这不是钺本身颜色的区别，而是有更深层的用意，我们希望在良渚文化里头能找到这样一些分别。

接下来要说的是玉璜。这两天有好几位先生都讲这个璜，今天我还在杨晶身边问她关于璜的性别关系证据，认为在一定范围内是女性所拥有的饰品，我们浙江所的几位先生的研究也基本上是这么一个结论，这是很有意思的一个现象。我们知道璜在四方神系统中代表了一个方位，它在这个四方概念里是北方的象征，东是龙——圭，西是虎——琥，南是鸟——璋，北是玄武——璜。璜是什么？我觉得应该是鱼，可是我们没有见到早期的鱼形璜。鱼和鸟是北方和南方的标志性形象，可是我们一般只知道北边的符号是玄武。去读《山海经》再往前追，早期的北方神的象征是多元的，其中就有鱼和鹿，总之它代表阴性；南边代表阳，就是鸟。在汉代的四神图中，我们也发现鱼形占据玄武位置的图像。这个话说多了，可以简略地说，璜在后来中国文化的发展当中非常重要，它始于崧泽璜，特别是那种半璧形璜，当然更早的还有那种条形璜。

璜的出现问题，我觉得现在并没有完全解决，左骏和朱乃诚先生讲，一种可能是断块改制，一种可能是破璧改制，将它的起源归结为残器改制，都是由残器变为定式以后成为流行器的。是不是这样？有这样的可能。但是不是完全可能这样呢？我觉得还可以进一步讨论。古代一个有意思的说法叫半圭曰璋，半璧曰璜，这似乎也是讲起源的，当然这个说法并不能理解成残器改制。圭是东方的符号，璋是南方的符号，从玉器看东跟南有这么一层关系。说起璧和璜的关系，我还想到一个词叫珠联璧合。很简单的一个词，似乎很容易理解，所以我们一般不会去深究它的含义。这个珠子不是单独用的，珠要一颗一颗连起来，串起来，这就叫珠联。那璧合是什么意思呢？我们没讨论过，璧也不是单个用的，一定是有一组，怎么叫合璧，我说不清楚，应该是全套。我们知道有合璜为璧的，崧泽有发现，西北齐家也很流行，称作三联璧。合璧是不是有这个意思呢？这个另说。

这里面还有需要追究的这样一些问题，关于琮和璧这样的观念性而非实用性的玉器，它们对中国早期文明中的信仰体系的影响非常之大。我曾将琮和璧的名称来源做了一番梳理，认为分别就是王和后的意思。琮就是宗，宗后。璧就是辟，辟即王，掌有生杀大权的辟，这样的人拥有璧作为象征。在早期文献里，辟就是辟王，璧字底下的玉只是它的一个内涵，它的明义就是上边的辟，辟的象形就是拿着一把斧子把一个人的头砍下来，下面的这个口字就是人头。所以这个璧的意思也可以好好研究。

　　　　　　　　　　　　王者仗钺

再说陶器。陶器中重要的是鼎与豆。昨天栾丰实教授也讲了鼎，豆也讲了，他讲的也是我想讲的。关于豆，大汶口早期的豆不是很流行。后来才流行。这个豆是哪来的？当然在这个地方，在太湖周边，马家浜就有，那种喇叭口的豆很典型。但是多彩、多变化、精致的豆是崧泽人创造的，从鄂东到太湖都见有同时期的豆，都非常精彩。我觉得豆是高雅饮食生活的一个标志性器皿，不然为什么要把它做得那么漂亮，那么美？豆在后来就是一种礼器，一种祭器，就不是放一般的食物了。我觉得一般生活当中不需要这样讲究，像高脚杯，它一定是用途上提升了。我们知道在文明早期，在商周，豆也是常用器。三礼中读到笾豆，笾也是豆，笾豆成为特定文化生活的一个代名词。《诗经》里说笾豆有楚，肴核维旅，笾豆有践，兄弟无远，都说这个豆不是一般的豆。豆在东方百花齐放，至少说明了崧泽人饮食生活的精致。要特别注意的是，豆在仰韶中期好像还过不了关西，就是说到不了关中，只在东边，有明显的边界。到了历史时期，这个豆在中原文化中就已经是常见之物了，随葬器物的鼎豆壶组合，成为一种定式一种标准，实际上体现了一种现实的或者说一种理想生活的追求。

　　下面要说的是甗。最早的发明者是谁呢？我们看已有的论说，一说是在我们太湖这里，一说是在北边。东北地区新乐文化里的甗我还没来得及解说，它还是不确定的。但是我觉得确定的甗，是在崧泽时期普及开来的，或者说早在马家浜晚期已经有了它的身影。我看到的一个图，西溪的那个连鼎的东西，中间是不是一个甑？它是连为一体的，这个甑一直深入到鼎里头去了。展览中看到南河浜的大鼎，大鼎中间有一条凸棱，我们在出版的图录里只说外形，没说里外都有凸棱，外头的凸棱很明显，其实里面也有一条凸棱，是放箅子的。出土品还不只这一件，过去在上海的松江就有发现，是很明显的定型器，鼎的中部有个隔箅子的地方，下面盛水，上面蒸食物，这便是早期的甗，是鼎式甗，与后来的鬲式甗不大相同。我突然想到，这样的鼎式甗在使用时，鼎下面的水不会放得太多，蒸的食物有可能是熟食，如果是主食的话，可能是那种捞起滤去米汤的米饭，不然用生米蒸饭的话，可能水蒸干了，米还没变成饭。

甗这种炊器，应该是古代饮食传统提升阶段的一个创造吧。我们知道甑在太湖文化地区发现很早，跨湖桥发现最早的甑，7000多年前创造的。甑的使用，是甗创制的基础。甗是甑作用的提升，可以看作是饮食生活向精致方向的提升。

后来在青铜时代，青铜甗也是一种标准的烹饪器具，也成为一种礼器，成为食器组合中重要的一员。

我们知道蒸法和烤法是中西古代烹饪各自拥有的代表性技法，东西不同的烹饪技术造成了彼此不同的饮食传统。法国传统的烹饪大师不知道蒸食的方法，或者说他不采用这个方法，虽然西方发明了蒸汽机，但是西方不知道蒸汽可以用来烹饪食物。我们的跨湖桥人和崧泽人在这方面是非常成功的，他们是蒸汽能的最早发现者和利用者，这个对后世的影响了不得。我们得到的麦子怎么吃？这在最初确实是个大问题。无论北方南方，因为米食的关系，流行的都是粒食传统。这粒食传统，就是无论大米小米，都是脱粒后煮了吃的，有了麦子，也是如此。周王餐桌上摆的是麦仁饭，也是礼食食品。当然这不是个好办法，麦子直接煮了吃，那滋味远不及大米小米。当石磨普及以后，用麦子磨面，磨成的面粉再用水和成团，制成新食品，因为有合并的操作过程，所以这面食起初的名字叫作"饼"，显然是专门新起的名、新造的字。麦子的饼食较之粒食，不仅是口感好，滋味也更美了。得到了面粉，我们没有烤面包，我们却是蒸出了馒头，就是炊饼。这馒头就是面粉和古老的技术传统结合起来的产物，食料变了，我们继续走自己的路，让外来的麦子融合到本土文化中。实现这种成功融合的关键发力点，就是甑和甗。

还要提到一个人，伊尹，商代的这个政治家，他的出身是个厨师。《吕氏春秋》记载他是一个弃儿，有一个女子采桑捡到他，把他交给烰人抚养。烰这个字什么意思呢，在《诗经》里有"烝之烰烰"，与烹饪相关，烰人就是会蒸菜的、会蒸饭的。这么一个厨师把他带大，耳濡目染，所以他懂得烹调，擅长烹调术。伊尹见到商汤的时候，他说，你要懂得做饭的道理，你就知道治理国家的道理，你就知道掌管天下的道理。这么一个由厨师成长起来的政治家，他跟甑和甗是有关系的。古文字里边，"甑"曾经是"曾"的象形字，还没有下边的"日"，就是上半截，上半截就是一个甑箅子，或者说是一个俯瞰甗的构造，然后冒出两缕烟来，成为字面上的两点。我们还知道春秋时期中原有三个曾国，有学者认为，就是他们擅长使用甑、使用甗，用这炊具作国名，有点意思。三曾其中一个在山东，一个在河南，另一个在湖北。最近湖北的曾国考古发掘有了大丰收，也有用甑的传统。这不是我说的啊，曾国非常可能跟用甑有关系。

还有鼎，就不用多说了，大家都知道它的起源，它的分布，和它后来的相关观念，它成为一种重要标志。传说禹铸九鼎，象征九州，夏商周三代都是奉九鼎为传国之宝。还有后来问鼎、求鼎这样一些典故，都说明这些观念对早期的政治生活制度的影响。后来唐武后、宋徽宗也铸九鼎，当然这就是一种传统的延续了，它的重要性已经不那么被人们所看重。但是我们可以看到一点，就是天下之大事以食为首，一个小鼎居然可以扩展成这么重要的一个观念出来，作为国家之神器，是因为饮食为天，所以鼎就有了这么一个意义。到后来的钟鸣鼎食，生不五鼎食，死亦五鼎烹，有这样志向的人都是受这种观念的影响。

还要多说一点的是关于崧泽文化塔形器的问题。我这两天没听到大家发表什么意见，我不知道过去发掘有过什么看法。很奇怪，崧泽流行的塔形壶，究竟用途是什么？在这之前，我恰好去四川藏区松潘考察，看到一个香薰，跟这个塔形器形状大致类似，带有斜口的大圆洞，所以我觉得它有可能是香薰。有没有可能是蚊熏？就是熏蚊子的。有没有可能是火种罐？因为仰韶发现了类似于这样的器物。所以它一定是有特定用途之器，应该跟饮食没有直接的关系，这是我的一点看法。

该结束我的发言了，又想起在我受聘到南京师范大学（讲课）的时候，我曾经让两个学生做了学位论文，一个是写璜，一个是写豆，这都是我感兴趣的，他们也感兴趣。这个豆，我30年前就想写，一直没有写成，收集了很多资料，栾教授讲了一些，我估计我也做不了，将来在座的有可能把这些给做了，还挺有意思的，主要是觉得它这个内涵特别丰富，把握的难度很大。

百川归海，中原古代核心文化的形成是汇流五方文化的结果，崧泽文化对中国古代文化的贡献应当还不止我说的这些，比如还有祭礼祭坛这些好像更重要的东西，没有说太多。当然我提到的这些也是很重要的部分，器小，大用，这是我要说的一个主题。崧泽人

　　　　　　　　　　　　　王者伐钺

为后来的大中华贡献了自己的居家之食法，是生计；又贡献了治国的理念。有虚有实，既关照了每一个人的物质生活，也关照了人们的精神世界。我认为崧泽文化的时代应该是文明开始出现的时代，它的高雅，它的精致，它的品质和它表现出的和谐，这些细节，也是文明发达的基础。

最后的四句话，大美崧泽！大美良渚！没有崧泽，何来良渚！

（2014 年 10 月 11 日在杭州"崧泽文化学术研讨会"上的发言，根据录音整理。）

本文原名"器小成大用——崧泽文化随想"。

毁屋迁居

记得儿时在故乡，看到一些农户在老人去世后，在家中神柜旁陈列一座色彩绚烂的纸屋，纸屋有如琼楼高阁，是一种极漂亮的工艺品。纸屋虽漂亮，却不能常留家中，过一段时间便要拿到村外用火焚毁，这件创作就这样在火焰中灰飞烟灭。那场面很是肃穆。被称作"灵屋"的艺术品，是送给死者的魂灵作居所的，亲人用火焚毁它，是用这个方式将它送给死者。这是现代汉族葬俗中还保留着的远古习俗的一部分。为死者在冥间准备一座魂灵居住的房子，我相信，这风俗的形成一定有非常古老的渊源。果然在考古学研究中，我们找到了这一风俗在史前时代即已形成的证据，它像一条溪水，弯弯曲曲流淌了千万年，一直流到了我们眼前。

近些年以来，一些研究者开始关注史前居住文化中属于精神方面的内容，有的论文涉及一种有意废弃房屋的居住风俗的研究。这是一种尚待进一步研究的比较独特的风俗，对它的研究将对新石器时代的田野考古提出新的课题，值得引起重视。我因为在近 20 年前留意过这个问题，在一篇短文中专就这种居住风俗进行了探讨，所以更加关注这方面研究的进展，关注这风俗与现代焚烧"灵屋"做法之间的联系。现在重新介入这个课题的研究，一则是想对目前相关的研究成果作一个简单的小结，二则是想在以往研究的基础上作

　　　　　　　　　　　　　　　王者仗钺

进一步的展开讨论，希望对深化这个课题的研究起到些许作用。

流行于史前时代的这种特别的居住风俗，按照古代学者的定性和定名，称为"房屋捐弃"，是古时人们专为死者废弃居住建筑的一种特别的行为。由于这是一种人类社会以满足精神需求为目的的行为，所以不怎么为以实证为制约的传统考古学者所关注。正因为不关注，我们对发现的大量相关现象不是不得其解，就是视而不见，甚至略而不计，不予报道，更不进行比较详尽的研究。有些从事史前时期田野考古的同行，可能并不觉得这是一个要紧的问题，我们觉得作为发掘者，至少应当考虑到史前可能存在这种捐弃房屋的风俗，应当在发掘过程中尽可能多作观察。本文之所以不厌其烦地复述已取得的相关研究成果，为的是引起发掘者们一点关注，这也是本文的另一个目的。

一

还是 20 年前，考古发现的与新石器时代居址有关的一些特别现象，引起了我的注意，因而在查阅了一些资料，作过一番思考后，我写成短文《奇特的房屋捐弃之风》，刊载在 1982 年的《化石》杂志上。[1] 初稿的文字还要略长一些，因为《化石》刊物容量较小，又具有科普性质，所以按照编辑的要求作了压缩改写，删去了约近一半的篇幅。这样一来，虽然阐述得不够充分，但问题基本提出来了。我认为新石器时代曾出现一种废弃房屋的风俗，这种风俗还不断变

---

[1]　王仁湘：《奇特的房屋捐弃之风》，《化石》1982 年 1 期。

化，影响到了后来文明时代的社会生活。

我在那篇短文中指出，考古学家们在中国新石器时代遗址发现的一些居址，有可能是有意废弃的，一部分被焚毁，也有一部分被捣毁。经引证国内外民族学资料并进行比较研究后确认，这种废弃居址的做法是史前曾经普遍存在的一种特别的居住风俗，是一种与死者安葬相关的风俗，并根据中国古文献的定名，将这种居住风俗称为"房屋捐弃"。那篇文章可能是刊物发行面较窄，也可能是矢不中的，似乎没有引起多少反响，后来做同类课题研究的人好像都没有读到它。当然也可能被认为小题大做，不值说道。正因为如此，我在后文将重提一些曾经列举过的论据，在此基础上扩展本篇对史前房屋捐弃风俗的再研究。

我们注意到，近年来有几位研究者涉及有关居住风俗的研究，都由考古材料出发，对一些与居址相关的葬俗进行了探讨，很有意义。在这些论文中，我们可以列举陈星灿、李新伟、杨虎和刘国祥等诸位的研究，来评价中国考古学界对这种居住风俗的关注程度。

陈星灿先生是较早注意到相关居住风俗的研究者之一，1989 年他收集了欧、亚、非三大洲从旧石器时代到新石器时代大量的考古学例证，并结合民族学资料，对史前居室葬进行了研究。[1] 他援引台湾原住民的葬俗资料说：泰雅人在死后，在室内的床下位置挖一个圆形的墓穴，将死者葬入后继续居住。床下一般只能埋葬两人，死者过多就要拆毁房屋，另建新居。邵族、排湾族和曹族也将死者墓

---

[1] 陈星灿：《史前居室葬俗的研究》，《华夏考古》1989 年 2 期。

穴建在室内，等到室内没法再埋葬更多的死者时，就迁居他处，另建新居。赛夏族在家长死后就葬在室内床下，家人另建新居。卑南人的做法有些不同，他们将被杀、难产、自杀等凶死者埋葬在室内，家人则弃房另建新居。[1]陈星灿就民族学资料对类似的居室葬的出现原因进行了两方面的解释，认为一是属亲情的，是生者为了让死者在另一个世界正常生活；一是属功利的，为了生者的安定，防止死者惊扰。这些认识是很有意义的，但是唯有一点遗憾，他除了说明民族学材料中施行居室葬者因葬满死者后要另建新居的动机外，没有列举迁居的其他更多的理由。

在陈星灿先生那篇文章发表约 10 年之后的 1997 年，杨虎、刘国祥先生根据他们在内蒙古敖汉旗兴隆洼遗址的发现，对中国新石器时代的居室葬进行了探讨。兴隆洼为中国新石器时代早期的一座大型聚落遗址，清理的 170 座房址中，在 30 多座房址内发现了墓葬。这些发现有墓葬的房子，有的在葬仪举行后仍然继续居住，有的则在葬入死者的同时就废弃了。他们也较全面地列举了考古发现的其他居室葬证据，并比照民族学的相关资料进行了研究，认为居室葬俗的出现是一种灵魂观念的表现，有的反映的是对祖灵的崇拜，有的反映了对凶死者灵魂的恐惧与防范，而葬入死者后即行废弃房子的风俗的出发点正是后面这个目的。[2]这至少说明，能享受废弃房屋居室葬的死者，可能有着与众不同的死亡原因。兴隆洼遗址的发现和研究表明，起源于旧石器时代晚期的居室葬俗，在新石器时代

1　陈国钧：《台湾土著社会婚丧制度》，（台湾）幼狮书局，1971 年。

2　杨虎、刘国祥：《兴隆洼文化居室葬俗及相关问题探讨》，《考古》1997 年 1 期。

仍在流行，考古学也因此发现了人类为死者废弃住屋的年代最早的确切证据。

李新伟先生也在 1997 年著文《我国史前房屋的废弃习俗》，对考古发现的相关资料进行了较为全面的讨论。他由考古发现的移灶、弃屋居室葬、焚毁房屋等现象考察，并结合民族学资料进行研究，说明史前确实存在一种房屋废弃风俗，而且这种废弃风俗的根本出发点是为了保护生者免受伤害。[1] 文中提到并论证的弃屋居室葬、焚毁房屋等现象，是新石器时代的客观存在。李新伟先生所列举的一些重要的考古学证据，本文还会提到，我还将在他研究的基础上再作些探讨。

在考古中发现的史前时代的居室葬，只是一些房屋废弃的原因之一，研究者对这种葬制的高度关注，正说明它包含了深层含义，对这种意义的探讨还有必要进一步深入。考古发现的更多的房屋废弃遗迹及与遗迹相关的一些现象，与居室葬没有直接关联，这些现象并没有引起研究者足够的注意，还需要进行更全面系统的考察。

二

田野考古中越来越多相关资料的发现，使我们有理由相信，我们的远古祖先确曾有为死者慷慨捐弃房屋的经历。

在史前，捐弃房屋的方式，可以分为烧毁、捣毁、废弃几种方

1　李新伟：《我国史前房屋的废弃习俗》，载《考古求知集》，中国社会科学出版社，1997 年。

式，那些居所是有意废弃的，与迁徙和其他意外原因无关。此外还有一些与处理这些废弃居所方式相关的现象，也可以从另外的角度来论证史前捐弃房屋风俗的存在，如考古发现的一些特意埋藏红烧土等建筑构件的灰坑、埋有居址红烧土的死者墓葬等特别的遗迹，都是值得我们在研究中关注的。现在就让我们来分类列举考古发现的相关遗迹现象，当然这些遗迹并不是目前考古发掘的全部所得，只是择要举例而已。

1. 有意废弃的居址遗迹

房屋捐弃遗迹在年代较早和较晚的新石器时代文化中，如兴隆洼、磁山、仰韶、大汶口、龙山、客省庄和齐家文化中，都有一些发现。发掘者常常可以看到这样的现象：在一些原始居址内，各种用具陈设有序，有的陶器在出土时保存尚好，居室的主人显然是有意抛弃了他的家什与住所。如陕西西安半坡遗址的 39 号房址，在室内的东北角和灶坑里发现两堆破碎的陶器，这些陶器可能是在废弃居址时毁坏的。在 11 号房址内发现 11 件陶器和骨器等，3 号房址内也见到较多的陶器和工具等遗物。2 号房址虽仅存四分之一，也放置有几件陶器，门道口还放有一件盛着谷物的双耳大瓮，这也是当时有意遗留在内的。这些房址可能都是有意废弃的，房址内的器具可能多数是按照原有位置陈放的。[1] 陕西临潼姜寨遗址有几座房址也是这样，如 46 号房址"居住面上旋转有已被压碎的陶尖底瓶 3 件、陶钵 4 件、陶罐 6 件、陶盆 1 件、陶瓮 2 件"，16 件陶器大体

1　中国科学院考古研究所等：《西安半坡》，科学出版社，1963 年。

分为三堆，以西南角一堆最为集中，半数陶器都放置在那里。[1]

在新石器时代晚期的一些遗址里，类似现象也能见到。如湖北枣阳雕龙碑遗址1号房址，为方形红烧土地面建筑，居住面上发现有可复原的罐、钵、杯、鼎、盆、灶、器盖等陶器10多件，在门道口也置有1件陶器。[2]陕西长安客省庄174号龙山时期的房址，居住面上见到4件完整的陶器，发掘者推测这座房址"可能是由于某种突然的变故而被废弃的"。[3]

在山东泗水尹家城龙山文化遗址，发现多座有意废弃的房址。如3号房址的居住面上堆积着大量红烧土块，东部放置有许多陶器和陶片，器形有鼎、罐、鬶、匜、盘等28件（图1）。又如5号房址，在靠近北壁的居住面上放置着一堆破碎的陶器，器形有鼎、罐、壶、杯等20多件。[4]

房址内陈设着器具，还存有食物，门道口放有陶器，可以明显看出，房子的主人是在决定不再使用它时，将它捣毁后离开的。这些房址虽然不能像下面的例证，可以明确判断是用火焚毁的，却也能看出是有意废弃的。

2. 有意焚毁的居所遗迹

在有的新石器时代居址上，发现不少烧焦的梁柱和成层的草木

1　西安半坡博物馆等：《姜寨》，文物出版社，1988年。

2　中国社会科学院考古研究所湖北队：《湖北枣阳市雕龙碑新石器时代遗址试掘简报》，《考古》1992年7期。

3　中国科学院考古研究所：《沣西发掘报告》，文物出版社，1963年。

4　山东大学考古专业教研室：《泗水尹家城》，文物出版社，1990年。

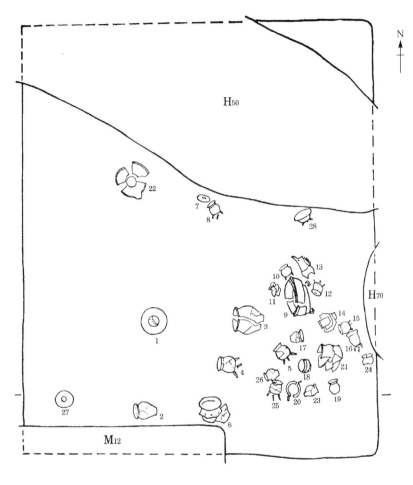

图 1　山东泗水尹家城遗址 3 号房址

1、7、27. 器盖　2、3、6、17、18、19、23、24、26. 中口罐　4、5、8、10、12、15、16、
20、25. 鼎　9. 三足罐　11、14、21. 残陶罐　13. 鬶　22. 匜　23. 三足盘

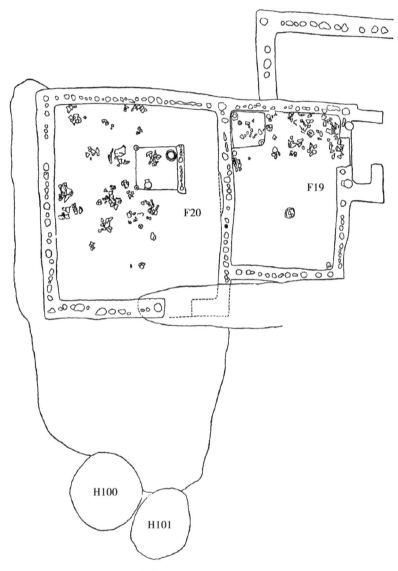

图 2　河南郑州大河村遗址 19、20 号房址

王者仗钺

灰，室内遗有不少日常用具，甚至还有盛着粮食的陶器等，房子可以判断毁于大火，而房主却没有把所需的物品从火中或火后抢救出来，房子也没有重建，这样的房子显然也是有意焚毁的。

可以举出的例子有很多。如河南郑州大河村发掘出的 19、20 号房址（图 2），在居住面上清理出陶器 60 余件，有鼎、豆、壶、罐、杯、钵、盆和纺轮等，器物放置比较集中，一部分器物保存完整，在门道口也发现了陶器。在另外一些房址内，如 20 号房址则见到大量烧焦的木椽、梁柱和厚达几厘米的草木灰，表明房子是专门积薪焚毁的。[1] 此外在西安半坡遗址发掘出的 41 号房址（图 3），亦是因大火而毁弃，居住面上到处是木炭，还有陶器和石器，有的陶器中存有曾作为食物的螺壳。[2] 陕西临潼姜寨遗址 14 号房址也毁于大火，室内遗有不少生产和生活用具，其中陶器就有 13 件，有的里面还发现有粮食，值得注意的是在门道口的位置还塞有一件陶器，表明这座房址确实是有意焚毁的。[3] 又如河北武安磁山遗址，在发掘到的相当简陋的半地穴式居址中，见到很厚的含有大量烧土、烧骨和木炭屑的草木灰堆积，炭灰中则发现了陶盂、三足钵、器座、陶弹丸等遗物，这样的房址当初显然也是毁于人为的大火。[4]

甘肃秦安大地湾遗址 901 号大型公共建筑，李新伟先生也认为是故意焚毁的，他的论证见于前引论文。

1　郑州市博物馆：《郑州大河村遗址发掘报告》，《考古学报》1979 年 3 期。

2　中国科学院考古研究所等：《西安半坡》，文物出版社，1963 年。

3　西安半坡博物馆等：《姜寨》，文物出版社，1988 年；《陕西临潼姜寨遗址第二、三次发掘的主要收获》，《考古》1975 年 5 期。

4　河北省文物管理处等：《河北武安磁山遗址》，《考古学报》1981 年 3 期。

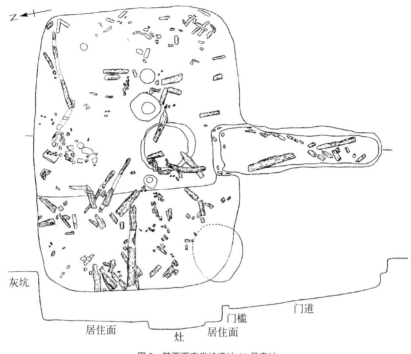

图3　陕西西安半坡遗址 41 号房址

　　这类焚毁的房址与上述捣毁的房址有非常接近的一面，就是房址内的陈设都保持了居住时的状态，只是房子废弃的方式有区别，这类房子是用火焚毁的。

3. 居室葬中废弃的房屋遗迹

　　引起一些研究者关注的史前居室葬，其中有一部分居室应是在举行葬仪后即刻废弃的。考古发现的这方面确定的例证不是很多，但有些线索还是很值得重视的。虽然有学者已充分注意到已经发现

　　　　　　　　　　　　　　　　　　　　　　　　王者仗钺

的居室葬现象，我们这里还是要重点提一提与直接废弃居室相关的那些居室葬例证。

前文已提及的兴隆洼遗址发现的葬有死者的居室，应当包含有在埋入墓葬后当即废弃的例证。在发现的170座房址中清理居室葬30多座，一般是一座居址中见有一座墓葬，发掘者认定其中有的房屋就是在埋葬死者后当即废弃的，这样的居室葬的墓口位置一般不见长期踩踏痕迹。[1] 由于详细资料还没有公布，我们暂时还无法得知兴隆洼遗址因墓葬而废弃居室的具体情形。在同属兴隆洼文化的辽宁阜新查海遗址发掘到的55座房址中，发现居室葬6座，其中7号房址靠近西壁处发现1座儿童墓，墓穴打破了居住面，墓中还意外发现了随葬的6件匕形玉器。[2]

在内蒙古察右前旗庙子沟遗址，一些房址的窖穴和灶坑中都发现了埋葬死者的现象，而且有的死者直接放置在居住面上掩埋，死者主要是未成年者。如8号房址内的圆形灶坑中就发现了两具2—4岁幼儿的尸骨，在西北角的窖穴内还葬有一具约20岁的女性屈身尸骨，有陶器和石器随葬。这座房址的居住面上还摆放着小口双耳罐、彩陶罐、鼓腹罐、器盖、石锛、磨石、石纺轮等陶器和石器近10件。[3] 显然这座居址是在死者埋葬以后就被废弃了，而且是专为死者废弃的。

1　中国社会科学院考古研究所内蒙古工作队：《内蒙古敖汉旗兴隆洼遗址1992年发掘简报》，《考古》1997年1期；杨虎、刘国祥：《兴隆洼文化居室葬俗及相关问题探讨》，《考古》1997年1期。

2　辽宁省文物考古研究所：《阜新查海新石器时代遗址试掘简报》，《辽海文物学刊》1988年1期；《辽宁阜新县查海遗址1987-1990年三次发掘》，《文物》1994年11期。

3　内蒙古文物考古研究所：《内蒙古察右前旗庙子沟遗址考古记略》，《文物》1989年12期。

宁夏海原林家梁遗址发现了用窑洞埋葬死者的现象。如 3 号窑洞式房址的居住面上埋葬着一成年男子和一婴儿，发掘者认为这两人是被塌落的屋顶压死的。[1] 死者中的成年人年龄为 45—50 岁，在史前已属老年，婴儿则只有半岁，因而推测两人可能是因疾病死亡后埋葬在窑洞内的，窑洞也因此而废弃。

甘肃武威皇娘娘台遗址发现的 8 号齐家文化房址（图 4），室内灶坑东西两侧出土陶器、石器和骨器等 20 余件，在一件陶罐内还满盛红色颜料。发掘者判断"这些遗物陈放在一定的位置，有的陶罐还端正地放着"。值得注意的是，房址被两座墓打破，其中的 71 号墓位于房址居住面的西北角，墓穴两壁与墙面两壁平行，应属居室葬，房址是在这座墓入葬后废弃的。墓葬为二成人合葬，一为仰身直肢，一为侧身屈肢，随葬有陶罐和绿松石等。死者的性别不明，但从这个遗址见到的同类合葬一般都是男女合葬这一点看，这座居室葬也可能是一座夫妻合葬墓。[2]

在山东泗水尹家城龙山文化遗址，除了前面提到的几座有意废弃的房址外，还有一些房子是由于采用居室葬而废弃的，在 9 座房址上有 4 座的居住面上发现了人骨。如 204 号房址的居住面上堆积着大量红烧土块，烧土中杂有较多的陶片和石器，形成一个明显的器物堆，可复原的器形有鼎、罐、鬶、尊、盘、杯、壶等 70 多件，另有石器 10 余件。居住面上还散见两具人头骨和一些肢骨体骨，分属 5—6 岁和 13 岁左右的两个少儿（图 5）。又如 205 号房址在倒塌

1　宁夏文物考古研究所等：《宁夏海源县菜园村遗址、墓地发掘简报》,《文物》1988 年 9 期。

2　甘肃省博物馆：《武威皇娘娘台遗址第四次发掘》,《考古学报》1978 年 4 期。

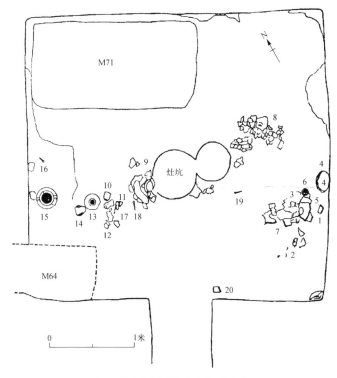

图 4　甘肃武威皇娘娘台遗址 8 号房址

1. 石斧　2. 石刀　3、20. 砺石　4. 石敲砸器　5. 敛口陶罐　6、14. 双大耳陶罐　7. 单耳陶罐
8、9. 双耳折腹灰陶罐　10、13. 侈口陶罐　11. 鬲足　12. 双小耳陶罐　15. 双耳陶罐　16—19. 骨锥

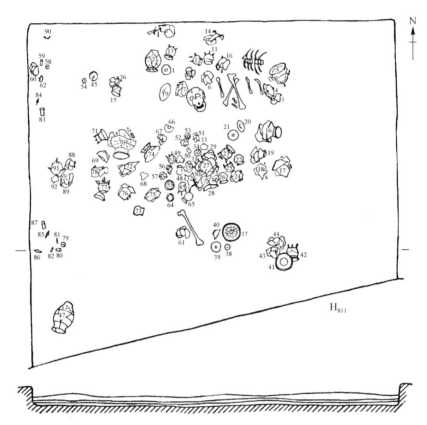

图 5 山东泗水尹家城遗址 204 号房址

1、39、40. 覆碗形器盖 2、22、26、27、28、29、43、55、65. 中口罐

3、6、7、8、19、24、35、57、67、68、69、72、75、76、78、88. 中口罐残片 4. 三足盘

5、11、12、13、23、25、31、42、45、63、91. 鼎 9、20、21、46. 覆碗形器盖 10. 鼎残片

14、74. 圈足盘 15、71. 三足尊 16、49. 壶 17、18、30、44、52、53、56、60、61. 残陶器

32. 鬶 33. 鲆形杯 34、37. 箅子 36、47、48、70、92. 高领罐 38、79. 陶纺轮 41. 三足盘

50、59、80、83、87. 石锛 51. 残高柄杯 54. 陶纺轮 58. 石纺轮 62. 石拍子

64、73. 带流罐 66. 残器盖 77. 甗 81、84、85. 石镞 82. 石凿 86. 蚌镰 89. 瓮 90. 石环

王者仗钺

堆积的红烧土层下面，在北部居住面偏西处发现有较多陶器，器形有鼎、罐、鬹、尊、盘、盆、杯等44件，同时在居住面上也发现了散乱的人骨，分属一老一少两个不明性别的个体。[1]

从尹家城遗址的例证看，居所明显是在埋入死者时废弃的，而且房址中一般都放置有大量陶器和石器。值得注意的是，在不止一处的地点，我们发现埋葬在房址中的死者身首异处，明显是按非正常死亡的葬式埋葬的。

4. 用居址烧土填塞的墓葬遗迹

在史前墓葬的考古发掘中，我们有时还在一些墓葬的填土中发现特意置入的红烧土块。有些墓葬填土中红烧土的比例很大，而且这些烧土明显是从居址上取来的。过去对这样的现象，发掘者一般只是客观报道，少有解释。不过已有的一些推论已经很有见地，只是没有引起更多研究者的注意。

在新石器早期，就已发现了在墓中埋入红烧土的做法。如在兴隆洼文化的墓葬中，就见到在墓中填塞红烧土的现象。内蒙古敖汉旗兴隆洼遗址 176 号房址中的 117 号墓，上层"填土中夹杂有较多红烧土块"。[2] 当然这座墓本身就在房址中，所以墓中见到红烧土可能会被认为是很自然的事，不一定包含有另外的意义。

在陕西西乡李家村文化遗址，1 号墓填土中夹杂有红烧土渣，

1　山东大学考古专业教研室：《泗水尹家城》，文物出版社，1990 年。

2　中国社会科学院考古研究所内蒙古工作队：《内蒙古敖汉旗兴隆洼遗址 1992 年发掘简报》，《考古》1997 年 1 期。

与其他墓葬的处理方式不同，[1] 这是在长江流域发现的一处时代较早的例子。

在墓坑中填塞烧土的做法，在大汶口文化墓葬中较为普遍，这种现象受到一些发掘者的关注。在山东滕县岗上村墓地发掘后，发掘者特别指出：

> 墓的填土是从居址专意搬来夹杂有红烧土碎块的灰土，景芝镇和堡头的墓坑填土也采用此法。[2]

高广仁先生主持兖州王因墓地的发掘，发现数百座墓葬中普遍填有红烧土颗粒，他认为"大概是当时流行的一种风俗"。[3] 在研究大汶口文化葬俗时高先生特别提到这个现象，他说：

> 在王因、岗上、大汶口、西夏侯、景芝等多处墓地上，墓穴填土中特意掺入红烧土颗粒、炭碴或碎陶片。

不过他当时对这个现象没有作出具体解释。[4] 最近高广仁先生又一次讨论到这个问题，并且进行了解释。他说一些大汶口文化墓葬中大

1　陕西省考古研究所等：《陕南考古报告集》，三秦出版社，1994 年。

2　山东省博物馆：《山东滕县岗上村新石器时代墓葬试掘报告》，《考古》1963 年 7 期。

3　中国社会科学院考古研究所山东工作队等：《山东兖州王因新石器时代遗址发掘简报》，《考古》1979 年 1 期。

4　高广仁：《大汶口文化的葬俗》，《中国原始文化论集——纪念尹达八十诞辰》，文物出版社，1989 年。

量填塞的红烧土块，应当"是从居址上特意移来的。……在一些灰坑中填有大量红烧土块与墓葬填土中有红烧土块，具有信仰上的相同意义，因此推测有可能是祭祀坑，或者就是祭祖坑"。[1]

在仰韶文化中，也有类似发现。如陕西华县元君庙墓地中的429号墓，是一座两个女童的二次合葬墓，随葬品有罐、钵、小口尖底瓶等6件陶器和大量骨珠等。发掘报告特别提到：

> 此墓用大小不等的红烧土块铺砌墓底，在骨架下方的红烧土块，铺砌得尤为整齐、平坦。更引人注意的是，墓穴亦用红烧土块填塞，形成墓主人被红烧土包裹着的状况。

发掘者不仅注意到了这种特别的现象，而且还作出了几种可能的解释，认为在仰韶文化时期，红烧土块往往和房屋遗存联系在一起，使用一般在房屋上才见到的红烧土筑墓，是某种特别意识的表现：

> 推测当时人们使用红烧土块可能有两种目的，其一用之防潮，对尸体作保护措施；其二用之象征房屋，按现实世界情景建造灵魂住所。[2]

这后一种解释的可能性最大。如果是防潮，别的死者为什么不防？因而只能对墓中特别的死者作出分析，死者为夭折女童，属意外死

1　高广仁：《海岱上古祭祀遗迹》，《中国文物报》2000年8月9日3版。

2　北京大学历史系考古教研室：《元君庙仰韶墓地》，文物出版社，1983年。

亡，采用的是一种特别的埋葬方式。

像元君庙墓地这样的例子，也见于长江流域。如湖北郧县大寺遗址发现的 4 号仰韶文化墓葬，以一个圆形红烧土浅坑为墓穴，坑中葬 1 人，坑口堆一层红烧土。[1]

龙山文化中还能见到这种风俗。如河北邯郸涧沟遗址的一座圆坑墓，埋葬着 10 具人骨，人骨上盖有一层红烧土。[2] 山东枣庄建新遗址的 69 号灰坑中埋有一具俯身屈肢的死者，死者头骨上有两处穿孔，坑内填土包含有大量陶片和红烧土块。[3] 在南方也有类似遗迹发现，如广西南宁敢造贝丘遗址的 5 号墓中，发现人骨周围有用烧土围成的半圆圈。[4]

在墓葬中填塞从居址取来的红烧土，虽然不能据以论证每位死者都因此废弃过一座房屋，但至少在他死时拆毁了他居所的一部分，这可能是一种象征性的捐弃。所以这样的墓葬大多可以认定与房屋捐弃风俗有关，这风俗看来在大汶口文化中相当流行。

5. 特意埋藏建筑构件的灰坑遗迹

还要特别提到的是，考古发现了另外一些与居址有关的现象，有的还没有得到解释。如新石器时代聚落遗址上发现的红烧土堆积

1　中国社会科学院考古研究所：《青龙泉与大寺》，科学出版社，1991 年。

2　河北省文化局等：《1957 年邯郸发掘简报》，《考古》1959 年 10 期。

3　山东省文物考古研究所等：《枣庄建新——新石器时代遗址发掘报告》，科学出版社，1996 年。

4　广西壮族自治区文物考古训练班等：《广西南宁地区新石器时代贝丘遗址》，《考古》1975 年 5 期。

和红烧土埋藏坑遗迹，注意的人很少，合理解释的意见更是没有见到。由于无法解释，所以被认为无关紧要，许多发掘者不屑在他们的报告中提到这些被认为是不值得一提的现象。幸好并不是所有发掘者都是如此，于是我们在有的报告中就读到了难得见到的报道。以下就是我们在一些报告中寻到的这类报道，数量虽是有限，意义却很重要。

在陕西西乡李家村文化遗址，1 号和 5 号灰坑内都发现了红烧土块和木炭灰堆积，[1] 坑中的烧土块原本是房子上的构件，这是考古发现的时代较早的烧土坑例子。江苏淮安青莲岗遗址在发掘时发现 2 个大型红烧土堆，体积达 5—10 立方米。发掘者推测它们可能是废弃的陶窑拆除后的堆积，这个推测显然是不能成立的，按正常情况，废弃的陶窑用不着费力拆除，更用不着将许多陶窑上的烧土都搬到一起。这可能是从房址上搬来的烧土，很可能是从主动废弃的房址上搬来的。[2]

在江苏北部的邳县大墩子遗址则发现了一些属于大汶口文化的大型烧土坑。如 13 号椭圆形灰坑直径 2—2.6 米，深 1 米多，坑内依次堆积烧土层、木炭层、灰烬层、烧土层，最下面为蚌壳层，各层中还夹杂有大量陶片和兽骨等。[3] 有烧土，又有炭灰，这一定是从焚烧过的居址上运来的。同类遗迹还见于大汶口文化的山东泰安大

1　陕西省社会科学院考古研究所汉水队：《陕西西乡李家村新石器遗址一九六一年发掘简报》，《考古》1962 年 6 期；陕西省考古研究所等：《陕南考古报告集》，三秦出版社，1994 年。

2　南京博物院：《江苏淮安青莲岗古遗址古墓葬清理简报》，《考古通讯》1958 年 10 期。

3　南京博物院：《江苏邳县大墩子遗址第二次发掘》，《考古学集刊》1 集，中国社会科学出版社，1981 年。

汶口遗址，在第二、三次发掘中，发现了多座埋有烧土的灰坑。如2003号为一大型的椭圆形灰坑，长径达到4.6米，"上层主要是大块红烧土堆积夹黄褐色砂质土，厚0.7—0.9米。这些烧土块中，有不少系房屋的墙壁废弃堆积，其中夹杂异常丰富的遗物"，包括壶、碗、钵、杯、鼎等陶器和一些石器。又如2026号灰坑，直径为2.6米，"内填大块红烧土和黄褐色土，烧土块满溢出坑口之外，坑内遗物丰富"。在这个遗址的北辛文化层，也发现有这样的烧土坑。如24号灰坑直径约3米，坑内满填黄褐土和大量红烧土块及木炭粒，出土物非常丰富。还有大小差不多的2号灰坑，坑中也填满大量红烧土块和破碎陶器。30号灰坑也填满红烧土块，烧土也是"溢出坑口外"。[1]

在一些仰韶文化遗址，也发现过这样的烧土坑。陕西南郑龙岗寺遗址半坡文化层发现的一些灰坑，有的就埋藏有大量红烧土块，如123号坑中就有较多的红烧土块和一些石块，82号中"包含有许多红烧土碎块"，31号则"夹杂有大量的红烧土块和炭屑"。[2]河南安阳后岗遗址，在新石器时代的7座灰坑中"都有红烧土块，有些是一面平整的，有些两面都是平整的，原来当是房屋的墙壁和地面，房屋毁坏后就被倾倒在这些坑内"。[3]

湖北枣阳雕龙碑遗址也发现有一些特别的烧土坑，7号灰坑直径为1.5、深0.8米，"坑内堆积皆为大小不等的红烧土块"。1号灰

1　山东省文物考古研究所等：《大汶口续集——大汶口遗址第二、三次发掘报告》，科学出版社，1997年。

2　陕西省考古研究所：《龙岗寺——新石器时代遗址发掘报告》，文物出版社，1990年。

3　中国科学院考古研究所安阳发掘队：《1971年安阳后岗发掘简报》，《考古》1972年3期。

王者仗钺

坑直径 1.7、深 1.1 米，"坑内大多为直径 12 厘米左右的红烧土块，堆成数层，每层之间常夹杂有一些黑色木炭或竹炭"。2 号灰坑稍小，坑内下半部填满了红烧土块。[1]

山东枣庄建新遗址龙山文化的 202 号灰坑，直径不足 2 米，深不过半米，填土中包含大量陶片和红烧土块，"底部堆放着陶鼎、鬶、罐、盒等完整器物和残片"。[2] 这显然不是一般用作垃圾坑意义的灰坑。

在一些更晚的考古遗址中，也见到这样的烧土坑。如河南临汝煤山遗址二里头文化的两座灰坑中也填埋了大量红烧土块。[3]

我们还注意到，在西藏拉萨曲贡遗址一些灰坑中填满石块，其中还杂有不少石器（图 6），类似现象得不到应有的解释。考虑曲贡文化居民在当时可能以石

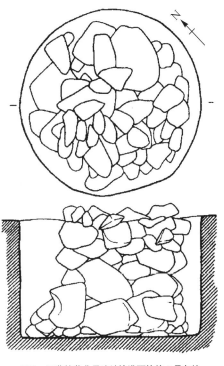

图 6 西藏拉萨曲贡遗址填满石块的 3 号灰坑

1　中国社会科学院考古研究所湖北队：《湖北枣阳市雕龙碑新石器时代遗址试掘简报》，《考古》1992 年 7 期。

2　山东省文物考古研究所等：《枣庄建新——新石器时代遗址发掘报告》，科学出版社，1996 年。

3　洛阳博物馆：《河南临汝煤山遗址调查与试掘》，《考古》1975 年 5 期。

块作为房屋主要的建筑材料，这些埋藏在灰坑里的石块有可能就是从房屋上拆下来的，与红烧土坑意义相同。[1]

这些集中埋藏的红烧土或石块，几乎可以肯定地说，绝大部分都是房屋的构成部分，它们很可能是人从有意捣毁或焚毁的房址上搬来的，很多烧土、炭灰和陶片共存就是最好的说明。我们还可以由此进一步推测，这种烧土坑的出现，是在房屋捐弃了一段时间后的事。人们可能因为将在旧址重建居所，就将原先废弃的房址构件和其中遗弃的物品一同搬走。这些与过去死者有关的东西还不能随地乱扔，为避免不测，还要专门挖一个土坑将它们埋起来。

排除那些意外事件，我们有理由作出这样的推测：焚毁和抛弃那些本来建得很好的居所，应当出自某些特别的用心。同样将居址上的建筑构件埋入墓葬或是灰坑中，也是出自相似的用心，都与本文论说的房屋捐弃风俗有关。这样的用心，以我们现代人的眼光来分析，如果没有民族学资料佐证，可能并不容易一下子弄明白，所以我们首先还得从这个途径寻找可能的答案。

三

从 20 世纪初以来，一些民族学研究者注意到这样一种特别的居住风俗，就是有的部族在某些特别时间点，会毫不犹豫地将自己的房屋焚毁或捣毁。学者们从不同角度对这样的风俗进行了研究和定性，他们所列举的诸多例证对我们深有启发。

---

1 中国社会科学院考古研究所：《拉萨曲贡》，中国大百科全书出版社，1999 年。

王者仗钺

如在列维-布留尔的《原始思维》一书中，我们注意到他关注过这种流行很广的原始风俗。在他列举的例证中，有这样一些很值得注意的现象：阿比朋人（Abipones）在安葬死者时，对属于死者的全部用具都要放到火堆里烧掉，

　　他的住宅完全被捣毁。他的妻子、孩子和家庭的其他成员则到什么地方找个栖身之所，他们不再有自己的住宅，就在别人家里住一个时期，或者用席子搭个篷聊以栖身。

地位较高的印第安人死去后，"他的小屋也要付之一炬"。在温哥华的土人中，

　　属于死者的一切东西都放到尸体旁边，因为不这样他就会回来把这些东西拿走，有时甚至把他的住宅夷平。

列维还特别提到，在南非及整个非洲，这种因死者的原因而焚毁房屋的风俗曾十分盛行，甚至在这风俗已不怎么流行的地方，仍可以发现它的痕迹。巴隆加人（Baronga）当一个人死了以后，"他的衣服和他随身所带的一切都扔进他的那座荒废的茅屋里"。南非土人在每举行一次葬礼以后，就要将"死者死时所在的那个住宅"放火烧毁，放置在屋内的谷物、用具、武器、装饰品、护身符和卧具等，也都同时付之一炬。死者的家人要另外选定一处新址，修建新的居所。

　　事实上这种焚毁死者住房的风俗，在世界上许多原始部族中都

很流行，被列维-布留尔称为"几乎无处不有的风俗"。[1]

我考察这类风俗兴起的原因，注意到它与原始丧葬仪式有比较密切的联系，它是先民葬礼中的一个重要内容。我还发现，这种风俗较多见于各地的游牧部落，如澳洲中部的阿兰达人（Aranda），以采集和狩猎为生，人们三两个家庭结群，在一定区域内活动，居住的是简陋的窝棚。这个群体中一旦有人死去，死者的茅舍要烧毁，他所有的财产也一并毁弃。不仅如此，整个营地都得迁往他处重建。具有同样生活习性的马来半岛色曼人（Semang）、印度南部牧牛的托达人、游猎北极的爱斯基摩人、日本北部渔猎的虾夷人（Ainus）、在美国西部草原游猎的喀罗人（Crows），[2] 美洲大草原印第安人和火地岛印第安人，[3] 在丧葬中都有毁坏死者房屋的风俗，有的是焚毁，有的则是捣毁夷平，还有的是弃置不用，无一例外地都是迁往他处，另作新居。如大草原印第安人中的达科他族，死者住过的提皮（帐篷）因死者而废弃，要在另外的地点再造一所新的。又如生活在火地岛的印第安人以渔猎为生，他们很少在一处营地住满半个月以上。当然造一所茅屋也并不十分费事，一般只需两个小时左右就够了，很少有花费半天工夫的。他们中间的亚马纳人，在有人死去时，先将尸体焚化，有时就将骨灰掩埋在茅屋内，然后将这座茅屋烧毁。

1　列维-布留尔著，丁由译：《原始思维》，商务印书馆，1981年。

2　以上均见乔治·彼得·穆达克著，童恩正译：《我们当代的原始民族》，四川民族研究所，1980年。

3　苏联科学院米克鲁霍-马克来民族学研究所编，史国纲译：《美洲印第安人》，生活·读书·新知三联书店，1960年。

游牧部落在实行这种风俗时，应当更为便利一些。人们本来在一地的居住时间就不会很长，而有人死去可能只是让他们有了一个提前迁移的动因而已。再加上他们的居所多属临时性的，废弃也不会太心疼，重建也不会太困难。

在一些定居的农业部族中，也发现了焚毁死者房屋的例子。如亚马逊河西北以农业为生的威图图人（Witotos），死者的坟墓就掘在住房内的火灶下面，在葬礼完毕时，人们便放火烧掉这所房子。[1]其他还有从事农耕的波罗罗人（Bororo）、温图人（Wintus）、巴隆加人，[2]也都流行烧毁死者房屋的风俗。

这种捐弃旧宅、更立新居的做法，也见于我国一些少数民族。云南的苦聪人，在家中有人去世时，就要焚屋搬迁，人们认为非如此不能逃避疾病死亡。[3]前引陈星灿先生研究居室葬的论文，也提到台湾原住民的类似风俗，卑南人为凶死者、赛夏人为家长捐弃房屋。这里的用意，一是为逃避凶死者的危害，一是为家长在冥间的生活提供住所。

在中国古代民族学材料中，也可以寻到类似居住风俗的证据。据《三国志·魏书·东夷传》说，古代东北的濊人"多忌讳，疾病死亡辄捐弃旧宅，更作新居"。这是现在所知的中国古代同类风俗的最早的文字记述，将来也许还能查找到更多更早的相关记载。"捐

1　乔治·彼得·穆达克著，童恩正译：《我们当代的原始民族》，四川民族研究所，1980年。

2　列维-布留尔著，丁由译：《原始思维》，商务印书馆，1981年。

3　宋恩常：《苦聪人》，（云南）《研究集刊》1978年2期。

弃"这个词，是这种风俗再恰当不过的命名了。捐者，弃也，这里指的是一种主动的废弃。我国古时还将死亡别称为"捐馆"或"捐馆舍"，意为舍弃居住之所，在用作文字表述时是死亡的一种婉称，《战国策·赵策二》就有"奉阳君捐馆舍"的说法。其实"捐馆舍"的说法极有可能是远古为死者捐弃居所风俗的一种记忆，也许这风俗在先秦时依然还能见到也未可知。

古代濊人为病死者捐弃旧宅的风俗，对我们从事的这项研究很有启发意义。原始部族捐弃房屋风俗存在的原因，也应与死者有关，是与安葬死者相关的一种仪式。之所以要有捐弃房屋的仪式，可能有这样几个方面的因素：

一是灵魂信仰。远古时代的先民相信万物都有灵魂，人虽死，而灵魂仍然存在。虾夷人认为，物质的灵魂同人的灵魂一样，在它们被损坏时，灵魂同样还存在，因此他们焚烧死者的住所、损毁死者的用具，自以为是杀死了它们，那么它们的灵魂也就可以在冥间继续供死去的亲人享用和居住。正像列维-布留尔指出的，"供给所需要的一切，使他在新环境中不至成为不幸者，如果死者是某种重要人物，则必须供给他为维持其等级而需要的一切"，这当然就包括住宅在内。[1]

二是禁忌习俗。有的部族在有人去世后即刻毁房迁徙，为的是避开可能接踵而至的疾病与死亡。列维就认为：

使活人避开受死亡玷污了因而不宜再用的物品，这一点似乎可

1　列维-布留尔著，丁由译：《原始思维》，商务印书馆，1981年。

以解释比如烧毁或夷平死人断气时所在的住宅的那个几乎无处不有的风俗。[1]

色曼人为了逃避死者恶魂作祟，在葬礼举行后便即刻迁往他处安家，新居多数建在河对岸，他们认为鬼魂是不会渡水的。[2] 苦聪人也是出自类似的原因，在有人死亡时要焚毁旧居，更迁新居。李新伟先生认为有的部族在有凶死者时焚烧房屋，正是出于消灾祛邪的目的。如果从另一个角度来看，对于因传染病而死亡的人，离开或焚毁他的居所，还是一种非常明智的选择，这是一种避开和处理传染源的最有效的方式。

三是尊卑观念。在有些部族中，房屋捐弃的施行，仅限于死去的酋长或家长，与每死一人即弃一房的做法不同。如威图图人，酋长死了就烧掉他的住房，家人则避开旧址另建新居。[3] 在温图人那里，也是在死了地位较高的人时，他的小屋才付之一炬。[4] 喀罗人是在大酋长死去时，将他的尸体放置在他住过的皮帐内，皮帐从此废弃。亲属则还要离开营地两个月，在返回时另建一个新皮帐居住。[5] 阿比朋人（Abipones）在家长死后，将他的全部用具都扔到火堆里烧掉，

1　列维-布留尔著，丁由译：《原始思维》，商务印书馆，1981 年。

2　乔治·彼得·穆达克著，童恩正译：《我们当代的原始民族》，四川民族研究所，1980 年。

3　乔治·彼得·穆达克著，童恩正译：《我们当代的原始民族》，四川民族研究所，1980 年。

4　列维-布留尔著，丁由译：《原始思维》，商务印书馆，1981 年。

5　乔治·彼得·穆达克著，童恩正译：《我们当代的原始民族》，四川民族研究所，1980 年。

住房随即被捣毁，他的家人则要另觅一个栖身之所。[1]台湾原住民中也有这样的例证，只是在有家长去世时才会捐弃旧宅。

四是财产意识。拉法格的《财产及其起源》一书论及房屋捐弃风俗，他以为这种捐弃是财产所有权的体现。他说，因为房屋被认为是动产，可以归属于修建者和居住者个人所有，"因此在许多野蛮人和半开化人中间，房屋也同死者的其余动产一起焚毁"。[2]这个观念的出现应当相对晚一些，可能是原始房屋捐弃风俗的异化，不是捐弃的原初目的。

也许是财产意识的强化，也许是居住较为长久，也许是房屋建造规模大了一些，一些部族的人有点舍不得为死者捐弃住宅了。人们变得似乎不那么慷慨了，他们开始改变过去为死者考虑太多的习惯，而更多地为生者着想。既要不违背传统，又要适应新观念，所以就有了一些变通的办法。虾夷人为了保存旧有的住所，他们往往为行将死去的老弱者另搭一个小窝棚，将他们供养在里面。待其亡故后将小窝棚烧毁，用以替代过去那样的捐弃。托达人在男子死时，丧礼在特地建起的茅屋内举行；妇女死时，丧礼亦在一座象征住所的茅棚内举行。丧礼结束，便将这特意搭建的茅棚焚毁。我们可以作出这样的推测：也许就是类似替代方法的发明，原始丧葬中的捐弃之风就慢慢消失了。

从这些原因考察，房屋捐弃风俗的实质，一半是为了死者，一半是为了生者。而且在有些场合，是同时为了死者和生者，不能将

1　列维-布留尔著，丁由译：《原始思维》，商务印书馆，1981 年。

2　拉法格著，王子野译：《财产及其起源》，生活·读书·新知三联书店，1978 年。

王者仗钺

两个动因完全分离。

　　根据民族学相关资料，我们对部分考古所见的特别的居住遗迹，可以作出如下的推测：史前人在为死者举行葬礼以后，就将死者使用过或接触过的用具杂物陈设在屋子里，还准备了食物，有时在门道口放上一两件陶器，然后将房子烧毁或夷平。由于新石器时代聚落的主人已是农耕居民，这个时代可能只有一定地位的人死了时才有房屋捐弃活动，所以这类遗迹的发现数量不会太多，在一个聚落内所能见到的属于捐弃的房址只是少数。有时房屋的废弃可能因为死者是凶死的，这样的房址中发现的一些死者以非正常方式埋葬。

　　考古发现的一些新石器时代的红烧土埋藏遗迹，可能也与房屋捐弃风俗有关。为何要将这些红烧土堆置一起集中埋藏呢？也许是一种象征性的隔离，为避免疾病和死亡而将死者居住过的房址捣毁，重建房屋时便将烧土收集埋藏进来。像龙岗寺和雕龙碑等遗址那样烧土与炭灰共存的灰坑，是很典型的焚毁房屋的捐弃遗存，应当特别注意。

　　在新石器时代墓地发现的在墓坑中填塞烧土的现象，也可能是房屋捐弃风俗的另一种表现形式。人们用从居址取来的烧土块象征房屋，供死者在冥间居住。在有的新石器时代墓葬中，还发现有随葬房屋模型的做法，在大汶口文化和仰韶文化中都发现了这种房屋模型。[1] 类似的发现，可以看作是新石器时代居民为死者捐弃房屋的风俗。

　　在以后的新石器时代田野考古工作中，将会有更多具有捐弃含

1　杨鸿勋：《仰韶文化居址建筑发展问题的探讨》，《考古学报》1975 年 1 期。

义的房屋遗迹被发现，尤其是在早期农人的居址里。当然也要注意到，并非所有焚毁或废弃的房址都是捐弃的结果，具体现象还要具体分析。

四

我们隐隐感觉到，远古捐弃房屋风俗的影响力很大，余波可及数千年后的现代人。文明时代将社会上层人物的墓穴营造成寝宫或地宫的样子，在墓中随葬陶楼陶屋的做法，都应当是远古捐弃房屋风俗的流风。现代城乡曾广泛流行的为死者供奉纸扎"灵屋"，并在特定时间为死者焚毁的做法，谁又能说它与史前先民信奉的那些观念不是一脉相承的呢？在数千年同一观念的引导下，人类的房屋捐弃风俗的出现和变化大概经历了以下一些过程：

1. 将死者埋葬在居所（一般为洞穴）中，生者继续居住其中。这样的葬俗最早出现在旧石器时代晚期，是人类最早实行的一种埋葬制度。

2. 或是继续旧石器时代居民的做法，生者继续居住在埋葬着死者的居所中；或是过一定时间后搬出这座居所，另建新居；或是在埋葬死者（不论是埋在居室还是在墓地）的当时就捐弃居住的房屋上，再建新居。这是新石器时代居民和一部分保留古老风俗的现代部族实行的埋葬制度，房屋捐弃的方式可以是直接废弃不用，更多的是焚毁。

3. 在老者、伤病者即将去世前，为他另建一座小型的茅屋居住，在他去世时同时将这茅屋毁弃，从而保留家人原来居住的房子。

这是在捐弃房屋风俗流行的后期出现的一种变通方式，在现代部族中仍然可以找到不少例证。

4. 将墓室营造成居室的样子，或将房屋模型放置在死者墓中作为随葬品。这种葬俗出现在史前时代末期，在文明时代广为流行。

5. 与陶楼陶屋之类冥器属同一范畴的"灵屋"的出现，是房屋捐弃风俗的最后表现形式。这种风俗一直在当代还没有完全消失，除了沿用纸屋外，还出现了具有现代特色的纸彩电、冰箱和洗衣机等电器类冥器。

房屋的修建和废弃，体现了人类在物质与精神两方面的双重需求。在史前时代，房屋不只是人类身体的庇护所，它给予人类的，不仅是阻隔风雨寒暑，还要呵护人们的灵魂。它庇护人之身，也庇护人之心，它陪伴着人的死与生。包括房屋捐弃在内的各种与居住风俗相关的考古遗存，应当作为考古工作者在田野发掘中关注的一个重要内容。

本文原名"史前捐弃房屋风俗的再研究"，发表于《中原文物》2001 年 6 期。

二次合葬

在我国新石器时代考古资料中，墓葬材料相当丰富。考古工作者通过田野调查与发掘，发现新石器时代人类埋葬有各种形式，诸如仰身直肢单人葬、屈肢葬、俯身葬、一次合葬、二次单葬、二次合葬、蹲踞葬、火葬、瓮棺葬等，本文论及的二次合葬就是其中比较特殊的葬式之一。

一般说来，在我国新石器时代不少文化类型的墓葬中，仰身直肢单人葬占绝大多数，二次葬不多，二次合葬更少。不过在某些文化类型的墓地里，二次合葬所占比例很大，如仰韶文化渭南史家墓地发现的二次合葬[1] 要占墓葬总数的94%，43座墓中只有3座为一次单人葬，其余700多具人骨均为二次合葬，显得相当突出。又如华阴横阵村大坑套小坑的二次合葬[2] 更是奇特，吸引了不少研究者，发表了许多有益的意见，为进一步研讨打下了基础。

我国发现的新石器时代二次合葬的地点不少，分布范围很广，除了黄河流域发现较多以外，长江中下游地区以及西北和东北部的一些地点也有发现。各地二次合葬的时代虽有早晚不同，但大多限

1　西安半坡博物馆、渭南县文化馆：《陕西渭南史家新石器时代遗址》，《考古》1978年1期。

2　黄河水库考古队陕西分队：《陕西华阴横阵村发掘简报》，《考古》1960年9期。

定在公元前 4000 年前后的几百年之内，它是原始氏族公社发展到一定阶段的产物。二次合葬是古老氏族内部分化出更小的集合体——家族与家庭的反映。原始共产制产生了裂痕，整个社会逐渐向父系氏族公社过渡。在这样的社会变革中，二次合葬正是一个鲜明的标志，它标志着父系家庭公社的出现。

二次合葬的发现与分布

所谓二次合葬，可以理解为在同一墓葬里包含有二次葬、合葬以及一次葬三个因素的埋葬形式。许多二次合葬墓只有前两个因素，仅少数二次合葬墓里发现有一次葬的人骨。大规模的新石器时代二次合葬墓，是 1958 年由黄河水库考古队在陕西华县元君庙（安家堡）首次发现的，那时只简单地称之为"合葬墓"。1958—1959 年发掘了华阴横阵村墓地，在 1960 年发表的简报中把这里发现的二次合葬墓称为"集体埋葬坑"和"多人合葬墓"。以后，类似的埋葬屡有发现，到 1972 年在报道河南淅川下王岗遗址发掘材料的简报中有了"二次合葬墓"的提法，这似乎是这个名称的首次出现。后来，在陕西临潼姜寨、渭南史家、山东兖州王因等地的考古报告和不少学术论著中，都采用了"二次合葬墓"的称谓。这说明这个名称还是比较贴切的，当然在一般情况下，它主要指的是多人二次合葬。

到现在为止，我国发现的可以确定为有新石器时代二次合葬墓的墓地已近 20 处，它们主要分布在黄河中游及下游地区。这些墓地属于仰韶文化的有：陕西宝鸡北首岭、临潼姜寨、华阴横阵村、华县元君庙、渭南史家，山西芮城东庄村，河南安阳后岗、淅川下王

表 1　我国新石器时代二次合葬墓统计表

地区	文化类型	地　点	墓葬总数	二次合葬墓数（人骨）	二次合葬的随葬品配置	备　注
西北	马家窑文化	甘肃永昌鸳鸯池	151	1（3）	共 5 件陶器，偏置于一人	〔3〕
黄河中游	仰韶文化	陕西宝鸡北首岭	416	3（10）	一般每人各有数件陶器	〔4、5、6〕
		陕西临潼姜寨	630 余	100 多（？）	每墓共有一套日用陶器	〔7、8、9〕
		陕西华阴横阵村	29	4（101）	每墓共有一套日用陶器	〔10〕
		陕西华县元君庙	57	33（210）	一般各墓共有一套陶器	〔11、21〕
		陕西渭南史家	43	40（727）	每墓共有一套日用陶器	〔13〕
		山西黄城东庄村	3	2（11）	不见随葬品	〔14〕
		河南安阳后岗	1	1（24）	不见随葬品	〔15〕
长江流域	仰韶文化	河南淅川下王岗	89	约 30（？）	以明器为主	〔16〕
		湖北郧县大寺	7	1（8）	共有一套生产工具与陶器	〔17〕
	大溪文化	湖北松滋桂花树		1（4）	共有一套随葬品	〔18〕
	屈家岭文化	湖北房县七里河	12	6（？）	有少量陶器和猪骨	〔19〕
	良渚文化	江苏吴县草鞋山	4	1（3）	每人各有一套随葬品	〔20〕
		江苏吴县张陵山	5	2（6）	各墓有大量玉、石、陶器	〔21〕
黄河下游	大汶口文化	江苏邳县大墩子		1（？）	无随葬品	〔22〕
		江苏邳县刘林	177	2（4）	各墓均有一套陶器	〔23、24〕
		山东兖州王因	800 余	近 100（？）	？	〔25〕
东北	新开流文化	黑龙江密山新开流	32	5（19）	一次葬人骨有较多陶、石、骨器；附葬人骨则很少或没有随葬品	〔26〕

岗，湖北郧县大寺；属于大汶口文化的有山东兖州王因、江苏邳县刘林和大墩子。黄河流域之外，发现二次合葬墓的地点还有：西北地区马厂类型的甘肃永昌鸳鸯池；东北地区新开流文化的黑龙江密山新开流；长江中下游地区大溪文化的湖北松滋桂花树，屈家岭文化的湖北房县七里河，良渚文化的江苏吴县草鞋山和张陵山（表1）。

新石器时代二次合葬墓的分布虽然较广，但各地区还缺少必然的联系，这或许有田野工作上的原因，有的地区工作开展得并不多。从现有材料看，二次合葬墓主要发现在黄河流域，而黄河中游地区为其分布的中心。可以推想，黄河中下游尤其是下游地区一定会有更多的发现。

二次合葬的文化类型与年代

在发现二次合葬墓的众多文化类型中，以仰韶文化所见最多。不过，这种葬式在仰韶文化中也并非始终都能见到，它仅流行在仰韶文化发展的一定阶段中。

仰韶文化分布范围广，延续时间长，内涵也比较复杂。人们一直在探讨划分出若干类型来，以示时间与空间上的区别。到现在为止，提出的类型与名称已不下 10 个，意见还不一致。就关中地区的仰韶文化而言，据巩启明等同志研究，可以划分为具有连续发展关系的四个类型，即半坡类型—史家类型—庙底沟类型—半坡晚期类型。其中"史家类型"刚被认识不久，过去一般都把它归入半坡类型或庙底沟类型。史家类型的代表性遗址有两处，一是渭南史家，一是临潼姜寨（二期），它的分布范围略大于半坡类型。史家类型的石器以磨制为主，穿孔器较半坡类型多。陶器质地接近半坡类型，代表性器形有敛口圜底钵、敛口鼓腹平底带盖罐、敞口罐、彩绘尖底罐、小口双腹葫芦瓶、彩绘葫芦瓶、细颈壶等。器表装饰有绳纹、弦纹、附加堆纹，少见彩陶。彩纹有带形、弧线形、圆点和三角形图案，还有鱼纹、鸟纹、人面纹等。无论从文化内涵还是从地层关系上，史家类型作为半坡类型与庙底沟类型之间的一个发展阶段，这种认识是可以接受的。

史家类型发现墓葬 200 多座，绝少一人一次葬，二人以上的多人二次合葬成为这一文化类型的主要埋葬制度。仰韶文化所见的二次合葬主要风行于这一时期。

诚然，大量的二次合葬并不是在史家类型中才出现的，在比它早的半坡类型晚期就已经比较流行了。半坡类型以一人一次仰身直肢葬最多，唯元君庙与横阵村以二次合葬墓为主，人们认为这在半坡类型中时代较晚，它是新葬俗取代旧葬俗的开始。

仰韶文化中流行二次合葬的史家类型，它的绝对年代经碳14 测定的数据有两个，一个是史家 M43 的 29 号人骨标本（zk-453-0），年代为公元前 3655±125 年（本文所列数据，均作了树轮较正），[1] 另一个是姜寨 M238 的 3 号人骨（zk-454-0），年代为公元前 3690±110 年，[2] 两个数据比较接近。根据地层提供的相对年代关系看，这两个数据稍嫌偏晚。比史家类型要晚的庙底沟类型，木炭标

1　中国社会科学院考古研究所实验室：《放射性碳素测定年代报告（六）》，《考古》1979年 1 期。

2　中国社会科学院考古研究所实验室：《放射性碳素测定年代报告（七）》，《考古》1980年 4 期。

本的年代早到公元前 3910±125（zk-110），[1] 这样矛盾的年代数据应当是不同质的标本的差异造成的，因为骨质标本测定的年代往往产生偏晚的现象。实验室证明，骨质标本的无机部分的碳 14 年代不可靠，有机部分的年代虽然可以接受，但并不排斥偏晚的可能性的存在。[2] 史家类型的两个年代数据正是由人骨标本测定的，所以年代偏晚是完全可以理解的。鉴于这种情况，必须通过半坡类型的下限与庙底沟类型的上限来估计史家类型的真实年代。半坡类型下限的数据以西安半坡 T1AF 的木炭标本年代为准，为公元前 4290±185 年（zk-148），[3] 它与庙底沟类型所测年代的上限（公元前 3910 年）的距离有 380 年。估计庙底沟类型的最早年代还当更古老一些，至少要到公元前 4000 年，那么史家类型的年代实际应在公元前 4300—前 4000 年之间，延续 300 年上下。这也即是说，仰韶文化中流行二次合葬的年代当在公元前 4000 年以前的几百年时间内。

仰韶文化中，在半坡与史家类型之外，见到有二次合葬的还有文化类型归属不大明确的芮城东庄村、淅川下王岗、郧县大寺等遗存。根据分析，这几处文化遗存都具有半坡与庙底沟类型的双重特征，处于二者之间的过渡阶段，尽管它们不一定都能划归同一类型，不过它们的时代与史家类型应是相近的。张忠培同志仔细研究了发现有二次合葬墓的东庄村遗存，认为它自成体系，说"难以将东庄

1　中国科学院考古研究所实验室：《放射性碳素测定年代报告（二）》，《考古》1972 年 5 期。

2　中国科学院考古研究所实验室、中国科学院古脊椎动物与古人类研究所实验室：《骨质标本的碳-14 年代测定方法》，《考古》1976 年 1 期。

3　中国科学院考古研究所实验室：《放射性碳素测定年代报告（五）》，《考古》1978 年 4 期。

村遗存归入半坡类型或庙底沟类型。这一遗存综合了两个类型的特点，却又失去了两个类型各自固有的文化特征"，它"是半坡类型向庙底沟类型过渡的中间环节，即这两个类型之间的一个发展阶段"。[1] 这样的见解是十分精到的。还有的同志则直接把东庄村遗存与史家遗存相提并论，认为它们是同一新类型中的两个亚类型，[2] 这是因为它们的文化性质基本相同。另外，发现有二次合葬墓的后岗类型，年代为公元前 4390±200—前 4185±140 年（zk-134、76），[3] 时代显然与史家类型相接近。

黄河下游大汶口文化中发现有不少二次合葬墓的王因墓地，第二、第三层的年代为公元前 3935±115—前 4000±125 年（zk-464、461），[4] 第四层也见到二次合葬墓，年代当更早一些，亦与仰韶文化史家类型的年代相当。从整个情形分析，大汶口文化的二次合葬墓流行的起始年代较仰韶文化要略晚一些。当然，也有可能在大汶口文化中发现还要早一些的二次合葬墓。

地处东北边陲的新开流墓地，也发现有比较典型的二次合葬墓，其年代为公元前 4130±130 年（zk-424-0），[5] 与黄河流域的二次合葬

1　张忠培：《试论东庄村和西王村遗存的文化性质》，《考古》1979 年 1 期。

2　张瑞岭：《略论渭南史家遗存的文化性质与年代》，《考古与文物》1980 年 2 期。

3　中国科学院考古研究所实验室：《放射性碳素测定年代报告（三）》，《考古》1974 年 5 期；另见中国科学院考古研究所实验室：《放射性碳素测定年代报告（二）》，《考古》1972 年 5 期。

4　中国社会科学院考古研究所实验室：《放射性碳素测定年代报告（六）》，《考古》1979 年 1 期。

5　中国社会科学院考古研究所实验室：《放射性碳素测定年代报告（六）》，《考古》1979 年 1 期。

墓的年代也大体相当。

其他文化类型中发现的二次合葬墓材料比较孤立，不集中，也不典型，年代或早或晚，这里不再进行讨论。

由是观之，二次合葬的发现有一定的文化范围和时间限度。它较多地见于仰韶文化史家类型。大多数二次合葬的年代都在公元前4000年前后的数百年之内，它的流行与消失应当具有某种特定的意义，它是一定社会发展阶段的产物。

二次合葬的类型与特点

现今所发现的新石器时代的二次合葬墓，按照它们的不同葬制，大致可以划分为A、B、C、D四种类型。

A型　其特点是，同一墓内一次葬与二次葬共存，有的二次葬人骨多于一次葬人骨，有的则相反，还有的把二次葬人骨特意摆成仰身直肢的形式。A型墓可谓二次合葬墓的混合型。发现这类二次合葬的地点有北首岭、元君庙、横阵村、鸳鸯池、刘林、七里河、新开流。A型墓在二次合葬墓中没有明确的时代属性，早晚都有。有的墓中二次葬人骨摆在墓中心，而一次葬人骨却搁置一旁，一次葬人骨中既有女性，也有男性。其中以新开流的发现更为特别，那里是在一次葬人骨墓旁扩坑或另挖小坑埋葬几具二次葬人骨，取附葬形式。

B型　同坑内全为二次葬，体骨集中放置在每个头骨近旁，排列整齐，井然有序，有的还分作几层，上下叠压。有的墓多达七八十具葬骨，以20具左右为常。B型可称作二次合葬的标准型。

发现 B 型墓的地点有横阵村、姜寨、元君庙、史家、东庄村、王因、下王岗、大寺。B 型二次合葬没有 A 型时代跨度大，流行的年代相比之下不是太长。

C 型　与 B 型一样，同坑内亦全为二次葬，所不同的是，人骨排列不甚规整，埋葬流于草率，如后岗与桂花树所见即是。这类材料不多，尚无代表性，可称之为二次合葬的不规则型。

D 型　一大坑内套若干小坑，有的称为"复式大墓"，我看可称作二次合葬的复合型。最富有特征的发现是在横阵村，在那里清理出 3 个"集体埋葬坑"，MⅠ内有 5 个小坑，共葬 44 具人骨；MⅡ内共有 7 个小坑，共葬 42 具人骨；MⅢ内残存 3 个小坑，共葬 6 具人骨。类似葬制在北首岭也有发现，只是那里发现的大坑中的小坑仅葬 1 人，大坑内的人骨又是以一次葬为多，二次葬占少数，其时代也要早得多。

上述 A、B、C、D 四型二次合葬墓，它们的地区属性并不明显，往往同一墓地几种型式共存。由于不少墓地发表的材料过于简略，这四种型式合葬的时间意义与空间意义还不是很清楚。

二次合葬除了划分为不大相同的几个类型外，还有以下几方面的特点也值得注意。

1. 从整个史前埋葬史来考察，二次合葬的出现只是一个插曲。在它之前盛行一次单葬，在它之后依然流行一次单葬。在一些墓地，二次合葬直接叠压在一次单葬之上，如姜寨、下王岗、大寺。在仰韶文化中，史家类型的二次合葬晚于半坡类型的一次单葬。尔后，庙底沟类型的一次单葬又取代了二次合葬。大汶口中晚期也以一次单葬为主，不见早期风行的二次合葬。在葬俗上的这种巨大变化应当具有深刻的社会背景。

2. 二次合葬与一次合葬同见，如横阵村与王因都有发现。在史家类型中还不见报道这两种合葬并存的材料。

3. 二次合葬与男女双人合葬并存，也与夫妻偕子的合葬并存。王因墓地发现 3 座异性合葬墓，这三座墓属于该墓地的晚期，可以推测，男女双人合葬的出现与二次合葬是有关系的。元君庙 M425 为一男一女一儿童的合葬，它出现在二次合葬的较早阶段。

4. 二次合葬墓中同墓死者的性别年龄组合有多种情形，大致可归纳为以下几种：

a. 成年男女合葬；

b. 成年男性合葬；

c. 成年女性合葬；

d. 小孩合葬；

e. 男女老幼合葬；

f. 成年女性与小孩合葬；

g. 成年男女与小孩三人合葬。

看来，除了男子与儿童的合葬外，其他年龄与性别的组合形式应有尽有。在有的墓地，如王因，是以同性合葬为主；有的墓地则以男女老幼混葬为多。一般几种情形互见，如史家墓地（表 2）。这些合葬情况，大多具有比较明显的家族或家庭特征，而以性别为集团的分别合葬，则是氏族制原则的体现。

5. 二次合葬通常每墓葬 20 人左右，最少 2 人，最多达七八十人。从人数看，大多具有家庭与家族的特征，有的则可能超出了家族范围。

表 2　渭南史家遗址的部分二次合葬墓

墓号	墓圹	骨架	老年		中年		青年		儿童	不详	随 葬 品
			男	女	男	女	男	女			
3	略方形	23	2	1	6	10			4		钵$_1$罐$_3$葫芦瓶$_1$
5	略方形	51			32	17		1	1		罐$_2$葫芦瓶$_1$细颈壶$_3$
6	长方形	30			24	4			2		石斧$_2$
8	长方形	28	2		17	4			4	1	钵$_1$葫芦瓶$_1$
11	略方形	25	1	2	13	7		2			钵$_1$罐$_1$葫芦瓶$_1$
15	长方形	6	1		4	1					钵$_1$罐$_2$葫芦瓶$_1$细颈壶$_1$石斧$_1$
22	长方形	5			5						葫芦瓶$_1$
28	长方形	29			12	13		1	3		钵$_1$罐$_3$葫芦瓶$_1$细颈壶$_2$钵$_1$
29	长方形	11			9	2					钵$_1$
42	长方形	6			9	2	1	1			钵$_1$罐$_2$葫芦瓶$_1$瓮$_3$

6. 随葬品的配置也有一些规律。在仰韶文化半坡类型与史家类型的二次合葬墓中，每墓大多共有一套随葬品，以日用陶器为主。在新开流的二次合葬墓中，有的主墓随葬品多达 28 件，附葬者没有或极少随葬品。在其他晚些的文化系统中，有的死者每人有一套随葬品，如草鞋山 M198；有的随葬品则偏置于一人，如鸳鸯池 M42。

二次合葬的这些特点为我们探讨这种特殊葬制的社会性质提供了重要线索。

二次合葬的社会性质

合葬现象本身，无疑表明了合葬中的死者相互间具有密切的关系。就二次合葬来说，同一墓葬的亡灵在生前可能属于一个基本的血缘集团，或是一个家族集团；共存于同一块墓地的各个墓葬，应属于同一氏族或胞族，所有的死者当有一个假定的共同祖先。我们需要弄清楚的是，合葬的氏族与家族是母系还是父系？二次合葬究竟出现在社会发展的哪一个阶段？

仰韶文化中所见的二次合葬墓，一般各墓共有一套随葬品，从墓葬本身看不出死者地位的高下，人们是平等的，所实行的应是共产制。共产制是母系氏族社会的灵魂，所以人们一般都把二次合葬的社会性质定在母系氏族社会发展阶段，这是可以理解的。

问题当然并不那么简单，我们发现在二次合葬流行的时期，母系氏族制已经开始动摇，母权制原则遭到破坏。这从下列事实可以得到证实：

1. 儿童进入氏族墓地并与成人合葬，这违背了母系氏族制的基本原则。因为儿童并不为氏族所承认，不算氏族的正式成员，死后没有资格进入氏族墓地。在母权制的发达时期，氏族是构成社会的基本单位，氏族内又按性别、辈分、年龄区分开。氏族对男女老幼是区别对待的，不能合葬一起。半坡氏族的居民就基本遵循这一原则，凡夭折的儿童都埋在居址附近，不能葬入氏族公共墓地。我国云南的纳西族也是如此，未举行成丁礼而死去的少年都不举行正式葬仪，不埋入公共墓地。[1]云南勐海布朗族也曾按辈分分别埋葬，在孕妇死后甚至要剖腹取出胎儿另葬，[2]可见氏族制度是多么的严格。二次合葬中发现有不少儿童骨架，这显然破坏了氏族传统法则，这是新的社会到来的一个信息。

1　詹承绪等：《永宁纳西族的阿注婚姻和母系家庭》，上海人民出版社，1980年。

2　云南大学历史研究所民族组：《拉祜族佤族崩龙族傣族社会与家庭形态调查》，云南大学历史研究所民族组，1975年。

2. 二次合葬中男女偕子的三人合葬，说明父权已开始得到社会的确认，也说明了个体家庭的出现。尽管这类墓例尚属孤证，但我们不能否认这与古老的氏族制度有着尖锐的对立。人们会说，也许这是一种偶然的巧合，它不一定就是夫与妻、父与子的合葬，比方说男女之间有可能是兄妹关系。作这样的推测未尝不可，但即便是兄妹合葬也是不符合氏族精神的，若再反问一句：这种"偶然现象"再早为何不见，而偏在二次合葬中始见，这又当作何解释？

3. 二次合葬与男女双人一次合葬并存，后者为明确的夫与妻大概是不成问题的。根据这种现象，虽不能断定专偶婚的完全确立，但把夫妻合葬在氏族墓地里，总不至于是纯粹的母系氏族社会应有的事情。这同上述夫妻偕子合葬一样，至少说明氏族已承认父系血统，妻子加入丈夫氏族或丈夫加入妻子氏族的事实已经发生，这样组成的家庭或家族与氏族是不相容的，它离父系氏族社会的确立已不远，实际上已经向这个社会开始迈进了。

以性别为群体的合葬，体现了氏族的传统原则，而男女老少的合葬则又体现了家庭与家族的原则，这说明实行二次合葬的社会充满了矛盾。这和同时见到的儿童葬入公共墓地、夫妻合葬与夫妻偕子合葬的现象，都可用来证明二次合葬的流行正处于母系氏族制崩溃的社会发展阶段。按照社会发展的客观法则，这时的社会已开始举步进入父系氏族公社时期。由于初始的父系公社还在一定程度上实行共产制，保留有母系氏族社会的外壳，所以在葬俗上还表现有浓厚的母权制特征，这是不奇怪的。

由于流行二次合葬的时代对父系血统的承认，某些专偶家庭的出现，我们不能不认为二次合葬本身具有一种与氏族制离心的力量。

王者仗钺

如果把一座座合葬墓理解为家族合葬的话，那它就不该是属于母系家族的，而整个墓地也不该是属于母系氏族的。倘若家族独立，氏族就要被破坏，因为家族中的成员本来并不属于同一个氏族。家族的独立应当是从母权制向父权制的过渡中发生的。

如果说二次合葬有可能是母系家族的合葬，它与氏族墓地共存，那就要回答家族墓地在母系氏族社会里能否出现以及母系氏族墓地能否与家族墓地共存的问题。应当说，这两个问题无论在理论上或在实践上都还没有肯定的答案。摩尔根与恩格斯谈到母系氏族社会的埋葬制度时，都没有论及家族墓地的出现。摩尔根只是在论述罗马父系氏族公社时，才提到了家族墓地。他说："到了尤留斯·凯撒的时代，氏族的墓地还没有完全被家族的墓地所取代""随着家族从古老的氏族中完全独立出来，家族的墓地就开始代替了氏族的墓地"。[1] 毫无疑问，这种家族墓地取代氏族墓地的结果，只有在父权制时代才会真正出现。家族合葬也是不符合氏族原则的，不大可能出现在母权制时代。认为在母系氏族社会里，氏族墓地上同时有家族墓地的意见，终是一种推测。

从民族学材料看，人们通常认为纳西族的母系氏族与家族共存，所以氏族墓地上并存有家族墓地。[2] 不过，论者似乎忽略了这样一个问题：纳西族的氏族制早已解体，氏族仅仅存在于口头传说之中。纳西族的家族已经独立，墓葬主要以家族的面貌出现，氏族传统没有多大的约束力。纳西族的母权社会并不典型，它包含有母系家庭、

1　摩尔根：《古代社会》，商务印书馆，1977年。

2　夏之乾：《对仰韶文化多人合葬墓的一点看法》，《考古》1976年6期。

父系母系并存家庭和父系家庭三种基本的家庭组织，是由初期对偶婚的母权制向父权制以至于向专偶制非正规过渡的一种特殊社会结构。纳西族的"氏族墓地"里不仅有母系家族合葬，也有父系家族合葬，还有夫妻合葬。它保留有一些氏族埋葬的根本法则，即男女异其墓列，同时也考虑到年龄与辈分。[1] 但是从根本上来说，氏族传统已经被破坏。这种充满矛盾的葬例如果要用来论证新石器时代二次合葬的社会性质，说它是属于母系氏族社会的葬制，结果只会适得其反，因为它能证明：家族合葬是氏族制破坏后的产物，也是母系向父系过渡阶段的产物。

我们虽不能说母系氏族社会绝对不会有家族合葬，至少在民族志中还没有发现典型材料。相反，在父系氏族公社时期，家族合葬极为盛行，家族合葬中的二次合葬也不乏其例，这一点我将在下面谈到。

母系氏族社会发展到盛期，产生了对偶家族。对偶家族是一种比较特殊的家族制度，往往有数个对偶家族按共产制原则结合而成共同家族，在共同家族内的夫与妻仍然属于不同的氏族。随着对偶婚愈来愈带有专偶婚的特点，"对偶婚给家庭添加了一个新的因素。除了生身的母亲之外，它又确立了确实的生身的父亲"。[2] 这样在母系氏族内就包藏了一个潜在的危机。夏之乾同志说：

母系家族的出现是氏族公社由盛到衰的一个重要里程碑，是由

1　宋兆麟：《云南永宁纳西族的葬俗——兼谈对仰韶文化葬俗的看法》，《考古》1964 年 4 期。

2　恩格斯：《家庭、私有制和国家的起源》，《马克思恩格斯选集》第四卷，1972 年。

王者仗钺

母权制氏族开始向父权制氏族过渡的重要标志之一。[1]

这不是没有道理的。由于生产力的发展，男子在经济生活中地位的提高，父亲开始希望把自己的财产传给亲生子女，父权不可避免地生长起来，并由此必然过渡到父系氏族社会。在这种过渡中产生的父系家庭公社，在我国许多少数民族中都曾见到。鄂温克人的氏族制度在母居制向父居制的过渡中，分化出家庭公社"乌力楞"，一个乌力楞包括4—5个或7—8个小家庭"纠"，这些纠都由一个父亲的若干子孙以及从外氏族娶来的女人所组成。这时的氏族已不是经济单位，仍在各家庭公社之间起着纽带作用。[2]民主改革前的云南贡山独龙族、西双版纳山区布朗族、碧江怒族、澜沧巴卡乃拉祜族、金平苦聪族、西双版纳攸乐人都不同程度地保存着父系家庭公社的残余。一般说来，早期的父系家庭公社如独龙族，是共同生产，共同消费的。后来如拉祜族是个体生产，共同消费的。而布朗族则是个体生产，个体消费的。苦聪人在遇到困难时，他们的小家庭还会重归一体，共同生产，共同消费。这些显示着父系家庭公社发展的几个不同阶段。[3]布朗族实行"考公制"，考公一般由几户以至近30户血缘相近的个体家庭组成，各个考公在公共墓地有固定的墓区，死者实行以家族为单位的聚葬，类似情形在民主改革前的瑶族、黎族、苗族、西盟佤族、剑川白族或多或少都有

---

1 夏之乾：《氏族公社时期墓地的演变及其同氏族组织演变的关系》，《民族研究》1980年5期。

2 吕光天：《论鄂温克人由母权制向父权制的发展》，《史学月刊》1965年6期。

3 许鸿宝：《云南少数民族父系家庭公社的考察》，《史学月刊》1964年11期。

保留。[1] 在北方的鄂温克、鄂伦春也都有父系家族墓地。[2]

我国古代民族志中有二次合葬的记载，显然也是父系家族的合葬。《三国志·魏志·东沃沮传》记古代东北的东沃沮：

> 葬作大木椁，长十余丈，开一头作户，新死者皆假埋之。才使覆形，皮肉尽，乃取骨置椁中，举家皆共一椁。

在吉林汪清百草沟发现两座二次合葬墓，一葬 5 人，一葬 9 人，发掘者认为这正是举家共一椁的东沃沮人的墓葬。[3] 内蒙古巴林左旗南杨家营子发现几座合葬墓，有男女二人合葬，也有成年男女数人合葬和成人与儿童的合葬，显然也是父系家族的墓葬，时代在公元前 1 世纪前后，族属不明。[4]

《隋书·地理志》记有在江汉地区与夏人杂居的左人：

> 始死，置尸馆舍，邻里少年，各持弓箭，绕尸而歌，以箭扣弓为节。其歌词说平生乐事，以至终卒，大抵亦犹今之挽歌。歌数十阕，乃衣衾棺敛，送往山林，别为庐舍，安置棺枢；亦有于村侧瘗之。待二三十丧，总葬石窟。

1　夏之乾：《关于解释半坡类型墓葬制度的商榷》，《考古》1965 年 11 期。

2　夏之乾：《对仰韶文化多人合葬墓的一点看法》，《考古》1976 年 6 期。

3　王亚洲：《吉林汪清县百草沟古墓葬发掘》，《考古》1961 年 8 期。

4　中国科学院考古研究所内蒙古工作队：《内蒙古巴林左旗南杨家营子的遗址和墓葬》，《考古》1964 年 1 期。

这也是二次合葬。人们认为左人实为古代的筰人，他们祖居四川西南部，在那里发现的一批大石墓正是筰人遗留下来的。[1] 这些大石墓每墓葬数十人至百余人，男女老幼均有，也是父系大家族或父系氏族的二次合葬。[2] 到了后来，这种合葬具有村公社性质，并不区别氏族与家族，如清代的黑苗，在"人死敛后，停于寨旁，或二十年，合寨共择一期，百数十棺同葬"。[3] 古代广西贵县的黎人，"居止接近，葬同一坟，谓之合骨，非有戚属，大墓至百余棺。凡合骨者则去婚，异穴则聘女"，[4] 同穴者不一定有血缘关系，异穴者可以建立婚姻关系，这已非纯粹的家族合葬了。

依据上述理由，我们认为我国新石器时代发现的二次合葬，它所处的时代已不是繁荣的母系氏族社会，而是母权制向父权制过渡的社会。如果说仰韶文化半坡类型晚期出现的二次合葬是这种过渡的开始的话，那么新开流文化和屈家岭文化以及马厂类型文化中明显以男子为中心的二次合葬，就已经显示出地道的父系家长制家庭的特征来了。二次合葬的消亡，由一次单葬取代，这已不同于母系氏族社会流行的单人葬，它是家族公社瓦解、专偶婚制确立后的一种社会现象。

现在，我们可以回答二次合葬及其墓地的社会属性问题。各个二次合葬墓应是同一个基本的父系家族的埋葬，整个墓地应包括全

1　唐嘉弘：《试论四川西南地区大石墓的族属》，《考古》1979 年 5 期。

2　西昌地区博物馆等：《西昌坝河堡子大石墓第二次发掘简报》《西昌河西大石墓群》；凉山彝族地区考古队：《四川凉山喜德拉克公社大石墓》，并见《考古》1978 年 2 期。

3　《贵州通志》卷七《苗蛮》。

4　《太平寰宇记》卷一六六。

体父系家族的氏族与胞族墓地。像横阵村那样的复合型二次合葬，大葬坑可以理解为一个父系家庭公社，一个小坑大体为一个父系家族，整个墓地依然是属于一个氏族或胞族的。二次合葬的出现不是偶然的，它是社会变革的结晶之一。它一方面标志了氏族内部的分裂，另一方面又显示了氏族的传统力量，父系的权势虽然逐渐占了上风，但还没有达到完全的父系氏族社会。

综上所述，我国古老文化发源的中心地带——黄河中下游地区，在公元前 4 000 年前后，经历了激烈的变革，人类社会逐渐步入了父权制时代。

余 论

传统意见一直认为，二次合葬是母系氏族社会的产物，具有母权制的性质。对此，我并不是第一个唱反调的人。早在 1965 年，苏秉琦先生就撰文指出，二次合葬包含着一个问题的两个方面：

一方面人们把同氏族的人按照死去的顺序整齐地埋葬在同一个墓地上，这是符合传统习俗的；另一方面人们却又把近亲血缘的不同辈分、不同性别、成年和幼童埋在一起，这又说明旧的传统习俗已被突破，酝酿着新的社会变革。[1]

在材料缺乏的当时，指出这一点是十分难得的。另外，郭老主编的

---

1 苏秉琦：《关于仰韶文化的若干问题》，《考古学报》1965 年 1 期。

《中国史稿》也认为，元君庙的一些二次合葬墓"可能已经是属于父系大家族，反映了处于对偶婚阶段的氏族制度产生了从母系氏族到父系氏族的过渡现象"，[1] 这种认识是有道理的。现在把这个问题重新提出来加以讨论，是有必要的。我的看法也许不为大多数同行所接受，希望大家共同进行探讨，正确的答案总会有的。

关于二次合葬，还存在一些有待解决的问题，如这种葬习的源流，各地墓葬的关系以及它的分布，都还有待新的发现来解决。在未来的田野考古工作中，不论是在新的仰韶文化墓地还是在大汶口文化墓地，在相当的时代范围内，一定会有更多的二次合葬墓被发掘出来，相信这不是我的奢望。

父系家长制家庭在许多民族中都曾流行过，它实际上是野蛮时代向文明时代过渡阶段氏族制解体的一种形式。如果二次合葬确是这一发展阶段的产物，这对进一步研究人类社会的发展进程将会有所助益。

（1979 年 9 月初稿，1981 年 2 月改定）

本文原名"我国新石器时代的二次合葬及其社会性质"，发表于《考古与文物》1982 年 3 期。

1　郭沫若主编：《中国史稿》第一册，人民出版社，1977 年，第 47 页。

心之归宿

新石器时代的墓葬在黄河流域发现较多。按一般规律，一个墓地乃至一个文化的大多数墓葬都向着同一方向，这个方向称为"主向"。反之，与这个方向相差90°以上甚至完全向背的称为"逆向"。主向墓与逆向墓共存于同一墓地，绝大部分墓地都是如此。

墓葬定向原则

新石器时代墓葬定向原则归纳起来，大约有以下十项：

1. 向日出方向

以日出的东方为墓葬的主向，主要见于大汶口文化和石峡文化，崧泽文化的一些墓葬也是如此。这些文化都分布在离海岸不算太远的地区，居民们对日出寄予的希望在埋葬习俗上表现出来。当然，并不是所有分布在海岸附近的文化墓葬都朝向日出方向，也有一些远离海岸的墓地取日出方向为主向，如甘肃地区的半山类型文化墓葬、广河地巴坪和景泰张家台墓地主向都朝向东方。

　　　　　　　　　　　　　　　　王者仗钺

2. 向日落方向

　　黄河中上游的仰韶文化、齐家文化的大多数墓地的主向都向日落方向，其他文化中很少见到主向普遍为西向的墓地。一些朝向西北和西南的墓实际上也可能指广义上的西方，由于地理和季节的关系，人们观察到的日落方向并不相同，所以有时偏北，有时又偏南。

3. 向高山方向

　　新石器时代的墓地都选在山坡台地，墓地主向也多朝着山巅，或向着台地中心。有些墓地虽不处山间，但主向也遥指附近山陵。大溪文化巫山大溪墓地北临长江，南为大山，主向朝向山坡高处。青海乐都柳湾从半山到齐家不同文化时期的墓葬主向都朝着墓地所在的台地中心。大汶口文化山东胶县三里河、日照东海峪、诸城呈子几个墓地主向为西北向，所指都有山陵高阜。

4. 向水流方向

　　也有一些位于山坡上或附近有山的墓地主向并不朝向山顶，而是朝向山间河道或河流方向。甘肃永昌鸳鸯池马厂类型墓地，北有龙首山，主向朝着东南方向的金川河。兰州土谷台半山—马厂墓地南有湟水，墓葬一部分头向东，一部分头向西，与水流方向一致。

5. 同文化同一主向

　　同一新石器文化，不论墓地选在何处，很多都为同一主向。
　　甘肃地区的齐家文化，主向为西北（西）向。
　　关中仰韶文化，主向为西（西北）向。

长江三角洲马家浜文化，主向为北向。

河南裴李岗文化，主向为南偏西。

6. 同文化分两个主向

有些文化分布地域广阔，文化发展难免表现出地区差异，表现在墓葬主向上也有一些差异，形成一个文化两个甚至更多个主向。大汶口文化离海岸最近的几个墓地（山东日照东海峪、胶县三里河、诸城呈子）主向为西北，而分布在它西边的墓地主向全是东向。湖北王家岗墓地（大溪文化）分为两个墓区，东区为北向，南区为东向。还有良渚文化，长江以北的墓地主向为东向，而江南基本都是南向。

7. 同地区不同文化主向相同

一些较大墓地延续使用了很长时间，跨越了几个文化时代，而最初的墓葬主向传统却得到继承。如陕西关中地区的仰韶文化墓葬，继承了白家村文化向西的传统，河南仰韶文化则大多继承了裴李岗文化南向的传统，到河南龙山文化时期依然如此。青海柳湾墓地半山、马厂和齐家文化主向均北向；山东胶县三里河和日照东海峪墓地的大汶口与龙山文化主向均为西北向；湖南安乡划城岗墓地大溪和屈家岭文化主向均为东偏南；江苏海安青墩墓地北阴阳营、崧泽、良渚文化主向均为东向。

8. 同墓地同一文化异向

同墓地同一文化不同时期墓葬主向一般是相同的，不过也有完全相反的例子。如闽侯昙石山下层墓主向为北偏东，中层就变成了南偏西。闽侯溪头墓地早期主向东南，晚期主向西北。

9. 同墓地同文化变向

上海青浦崧泽墓地一期主向北偏西，二期由东北偏向东南，三期为东南，四期为东南和南向。早晚期墓向的改变基本上是由西北至正南按顺时针方向进行的。比它早的马家浜文化墓葬主向为北向，比它晚的良渚文化主向为南向，崧泽文化逐渐完成了从马家浜向良渚文化的过渡，也完成了墓向由北向南的改变。

10. 同墓地男女两性异向

同一公共墓地，按死者性别决定墓葬方向，这种例子罕见。广东佛山河宕墓地，经过人骨性别鉴定发现，19 个男性头均向西，而 27 个女性全都朝东，完全背向。

从以上情形可以看出，墓向的定向原则表面上与天文、地理密切相关，甚至性别也起决定作用。实际上，这些墓向的选择都具有更深刻的意义。

埋葬制度是灵魂不死观念的产物，墓葬方向也是这种观念的表象之一。很多民族都认为日落的西方是亡灵的集中之所，那里是区别于人间的阴间极乐世界。如马来岛的色曼人，死者头要向着日落方向，埋葬完毕后还要到河对岸新建住所，为的是逃避鬼魂侵扰，人们以为鬼是不能渡水的。印度南部的托达人以为死者的魂灵在葬仪结束后，就动身到阿姆诺德去了，这是西方的灵界。当亡灵走动时，脚渐渐磨短，当磨到只剩下膝桩时，它们就再一次投生到世上来而成为一个新人。

除了西方，有时东方也被一些民族认为是祖灵居住的地方，或者说是祖先的发祥地，这样的发祥地常常实指某一座大山或大岩石。台湾泰雅族死者面向东方，向着祖先发源地——一座山峰，人们认为那里是祖先坟墓之地。台湾曹族在人死后，以为灵魂赴塔山而久留不回。塔山在阿里山旁，是死者灵魂集中的地方，传说为本族始祖发源地。雅美族埋葬死者时头也向东，还特别小心把脸摆向北方，认为不能向着太阳，以为太阳光照射在死者脸部，死者会变成魔鬼害人。贵州丹寨苗人死后也是头向高山，脚向河流；朝鲜族的墓地也多选择在山坡的阳面，头朝山顶脚向下。

可以认为，在大多数情况下，墓向所指都是所谓"灵界"，或是祖居之地。由于各文化共同体信仰及传统不同，它们各自所认定的灵界也不同。拿黄河流域来说，中游地区以南向、西南向为主，中上游地区以西向、北向为主，下游地区则以东向为主，区别相当明显。

在一些民族习俗里，并不是以日落或高山作为墓葬定向的根据的，有时是以河流方向为准的，如云南迪曾地方的独龙族，死者埋葬时头北面东，同独龙江自北朝南的流向一致。台湾一些山地民族埋葬时，有的将男的脸与溪流相对，女的脸与上、下流平行。在埋葬上将两性区别对待的还有塔吉克人，他们把男人的墓穴挖得深一些，而女的则浅一些。这些葬俗大多在史前埋葬制度中可以找到十分相似的例子，只是它们内在的含义我们还不是十分清楚。

王者仗钺

逆向埋葬

在史前较大的墓地周围，多多少少可以发现一些非正常埋葬的墓，其中很大一部分为逆向墓。

逆向墓一般在墓地里所占比例较小，有些墓地里只有个别现象。迄今所发现的早期新石器时代的墓地大多不见逆向墓，如东方北辛文化和中原裴李岗文化。裴李岗文化莪沟、沙窝里、裴李岗三个较大墓地一共200多座墓都向南偏西，没有报道发现逆向墓。渭水流域的白家村文化略晚于裴李岗文化，出现了明确的逆向墓；临潼白家村28座土坑墓中有3座逆向墓，占10%。仰韶、大汶口、大溪、马家浜等文化中，逆向墓所占比例都在10%以下。当然，也有个别墓地逆向墓所占比例稍高，如青海柳湾，马厂、齐家时期逆向墓占13%和17%。这些逆向墓大多分布在台地西侧，为了符合头向台地中心的原则，所以改向东方，严格说不算逆向墓。

一般逆向墓在墓地里有特定的位置，大多埋葬在墓地的边缘部位，与主向墓形成鲜明的对照。宝鸡北首岭15座逆向墓，大多数位于墓地边缘。泰安大汶口两座逆向墓也埋在墓地边缘。还有永靖秦魏家和武威皇娘娘台所见逆向墓，绝大部分处在墓地外围。这种逆向墓不仅埋葬在墓地边缘，而且有时还有特定的方位。逆向墓有的就挖在主向墓所指相反的方向，如主向为东，逆向墓则埋在墓地西部边缘，这种逆向并且逆位的特征值得注意。甘肃景泰张家台半山类型墓地主向为东向、南向，一座逆向墓向北，正埋在墓地北端。泰安大汶口墓地主向为东向，两座逆向墓埋在墓地西边。西安半坡逆向墓大部分埋在墓地东部，那里的主向为西向。宝鸡北首岭东南向的几座逆向墓也都在墓地南部边缘，主向本为西向、北向。

当然，有时在墓地中心也能见到少数逆向墓，如江苏邳县刘林大汶口文化墓地。但如果注意到刘林墓地本来是划分为几个小区的，经逐一核查，这些逆向墓在各小区依然位于边缘。当然，分布在墓地中心的逆向墓也不能说绝对没有，不过可以肯定那是极个别的例外现象。

值得注意的还有，一般逆向墓的葬式也不同于主向墓，比较特殊。甘肃永靖大何庄齐家文化82座墓中57座为仰身直肢葬，14座屈肢葬墓中有10座属逆向墓。宝鸡北首岭15座逆向墓大多是俯身、屈肢、二次葬三种特别葬式。半坡遗址19座逆向墓，取俯身、二次特殊葬式的有9座。泰安大汶口133座墓中的两座逆向墓，一为俯身，一为双臂掐腰式，葬式特别。江苏常州圩墩马家浜文化墓地三次发掘中仅第二次对逆向墓有详细报道，62座主向北的墓中4座逆向东，与主向墓的俯身葬不同，这4座墓中3座为仰身直肢、侧身和屈臂葬。

逆向墓死者的待遇也不同于主向墓，大部分都没有随葬品，或者只有极少的随葬品。永靖大何庄10座逆向墓中有7座一无所有，还有两座仅有1件石刀。武威皇娘娘台逆向墓也只有个别有随葬品。宝鸡北首岭15座逆向墓中有13座没有随葬品。郑州大河村3座逆向墓都没有随葬品，而且死者还是老年者。山东诸城呈子龙山文化87座墓中的3座逆向墓也都没有随葬品。江苏常州圩墩第二次发掘的4座逆向墓也没有一件随葬品。

还有一种属于特殊埋葬的墓，其特点与逆向墓差不多，也从墓

　　　　　　　　　　　　　　　　　王者仗钺

葬方位、葬式和随葬品方面与正常埋葬有区别，只是没有逆向特征。如河南新郑裴李岗墓地虽不见逆向墓，82座墓中无随葬品的3座墓都在墓地南部边缘，应属特殊埋葬。半坡遗址15座俯身葬墓都没有随葬品。永靖秦魏家墓葬排列相当整齐，以仰身直肢葬为主，侧身、屈肢和俯身等具有特殊葬式的墓一般都分布在各墓列的两端。武威皇娘娘台第四次发掘的62座齐家文化墓中，40座单人葬墓有26座为仰身直肢葬，有8座侧身屈肢葬，都处在墓地边缘，还有5座乱葬，身首分离、肢体不全、极少随葬品，都处在墓地东西边缘。在邳县大墩子和刘林大汶口文化墓地，二次葬、侧身屈肢、手压身下的墓也都在墓地或墓区边缘。类似情形在江苏海安青墩、上海青浦崧泽、山西夏县东下冯墓地也都可以见到。还有闽侯溪头昙石山文化墓地，70座墓以仰身直肢葬为主，另有6座侧身屈肢、仰身屈肢葬墓，其中5座集中在墓地西南角，另有1座在墓地东缘。

民族学材料表明，对待死者的葬仪问题，人们十分注意区别正常死亡和非正常死亡。正常死亡的人享受正规埋葬的待遇，而非正常死亡的则不然，他们往往连进入正常死亡者墓地的机会都没有。我国一些地方的苗族中，自缢、难产、落水、跌岩等非正常死亡的人，就不与正常死亡的人葬在一起。有的对非正常死亡的人采取特殊的葬式，如藏族本通行天葬，又称为鸟葬，将尸体肢解切割，骨头也要砸碎喂秃鹫。藏族人对乞丐、疯人及恶疾死者，则抛尸于河流中；对于刑杀、凶杀和暴卒的尸体，则掘坑掩埋，为的是让其永堕地下不得转生。东北鄂伦春人实行风葬，对于急症而死的青年及孕妇则行火葬。墨西哥的阿兹忒克人认为正常死亡与非正常死亡的人的灵魂去向都不相同，正常死亡人所去的阴间家乡是米克特兰，而水溺、电击、水肿、麻风病死者的魂灵则去塔鲁坎。这些观念有助于区别两种人的不同葬式。

以上所说的新石器时代的逆向埋葬和特殊埋葬，无疑是对非正常死亡者的一种特殊埋葬，人们以为他们同正常死亡者的灵魂归宿不同，当然为灵魂指路的头向也就不同。可以肯定，逆向埋葬和特殊埋葬不是因为经济原因造成的，主要是由信仰这一宗教原因造成的。决定死者埋葬方式的主要原因不完全在于他生前的地位如何，死亡原因才是史前人最关心的问题之一。

本文原名"史前墓葬的方向"。

王者仗钺

神话的真相

——代跋

　　每一个民族都拥有原创神话，口耳间相传一些遥远的故事，它是民族历史古老的记忆。神话从诞生的那一刻起，就似乎只存在于那古老的话语版本里，一代代人在口传或文字里接受神话的洗礼。考古学诞生以后，我们有幸看到了历史遗留下来的许多图像神话版本，神话的形色细节开始透过眼睛进入我们的大脑。这个转变来得并不十分顺畅，以前易于听懂的故事，现在未必一眼就能从图像中观看得明明白白。依仗智者的引领，我们才有可能通过古老的图像悟出神话的真相，发掘出其中隐含的历史信息。

　　叶舒宪的新作《图说中华文明发生史》即将出版（南方日报出版社，2015 年），他嘱我写个序文，我迟迟不敢动笔，因为觉得跟不上他思维的节奏，而且我们问学的始点和角度并不相同。但看了他的书稿，却产生了共鸣，或者说还感受到了一种震撼。他的书告诉我们，神话不仅变得可以看见，可以触摸，神话居然放射着信史的光芒。我还发现，自己和叶舒宪有一些共同的研究节点，对那些熟识的古物，我们所知所见略同，如商代玄鸟与猫头鹰的表里关联。他的这本书从头至尾读来，很像是一部考古学著作，使用了大量考古资料，又较之一般考古学著作更显缤纷之色。一方面，图文并茂使阅读变得更加轻松；另一方面，让图像叙事引领文字叙述或理论阐述，凸显出一种知识考古的趣味。想来这篇序文，倒是可以写作，可以说一说考古学与神话学的瓜葛。

看了叶著，感觉像跟随智者探访了神话后面的真实历史图景。他由神话文本解释考古图像，借此探讨文明发生的过程，重新解读神话中的历史真实。叶著借用人类学的术语"大传统"和"小传统"，给予颠覆性的重新定义，即始于无文字时代的传统为大，文字记录的传统为小。他由此将中国古代文化区分出大传统和小传统，认为玉石是中国大传统的象征符号，神话观念是大传统的文化基因。将玉石与神话的意义提升到前所未见的认知高度，这也成为叶著的突出特色。叶著认为，《山海经》在小说形式中蕴含着某种信史的信息，在神话与历史之间架起了一个沟通的桥梁。他探索的中心是"从宗教和神话看中华文明发生"，具体是由玉的神话解读中华文化的"原型密码"，并把驱动玉文化发生发展及跨地域传播的动力归结为前中国时代就已形成的一整套神话信仰观念，简称为"玉教"。他还从熊龙图像与文献考述祖先神话，由玉钺考察王权神话，进而探讨尧舜传说，由神熊崇拜追溯夏王朝的信仰传统，由玄鸟崇拜考察商族来历，又由凤鸟传说研究西周王权神授的信仰本源。三代神话都有考古图像印证，两个体系合一，这是对中华文明发生过程的一个简洁而完整的新描述。

叶舒宪的这些讨论都依从了他自己首倡的"四重证据法"，有文，有史，有图，有真相。2009年，叶舒宪组织启动中国社会科学院重大项目"中华文明探源的神话学研究"，由语言文学同考古学、历史学等互动，意识到前文字时代"物的叙事"对于文学人类学研究的重要意义，提出以"四重证据法"作为中国文学人类学的方法论基础。所谓四重证据法是：传世文献、出土文献和文字、人类学的口传与非物质文化遗产、考古图像和实物。正是由这个基础出发，叶舒宪提出由人类学、神话学视角进入中华文明探源工程的整合研究思路，以大量考古学实物为基础材料，充分调动人文解释学的阐释力，"让无言的出土器物发出声音，甚至说出话来，从中探索无文字记载的远古时代的社会和文化信息，从而重构出失落的历史线索"。叶舒宪强调，要充分借鉴国际上比较神话学研究的跨学科经验，他认为：

中华文明探源工程缺失了神话学视角，阻碍着考古学素材和人文学科阐释之间的沟通。物的叙事这一视角恰好能够弥补这一缺失。如今的比较神话学研究，已将神话叙事的概念应用到图像和文物之上。从整合性视野看，神话是作为文化基因而存在的，它必然对特定文化的宇宙观、价值观和行为礼仪等发挥基本的建构和编码作用。

我们知道，这个文明探源工程是由考古学家主导的，它重视的更多的是实证，但对于实证的解释又非常谨慎，不敢越雷池一步。特别是回避了神话与传说的研究途径，这反而削弱了实证的作用。在这个时候，走出考古学的学科壁垒，向其他学科求援是一条必由之路，叶舒宪带来了一路援军，我们应当张开双臂欢迎。

通过实践四重证据法，叶舒宪的神话研究已经走出书斋，走向了田野，走向了博物馆和考古现场。我觉得他大体完成了考古与神话的对接，而且是系统的对接。他尝试的这种研究方向，可以称为图像考古，也类似于一种重建失落的历史脉络的知识考古，可以链接的考古学分支学科是认知考古学。

神话与真实之间，可以这样对接么？叶舒宪的回答是肯定的，当然这种对接其实并不容易，作者完成的是在神话与考古之间的对接，或者可以称为虚与实的对接。我觉得这个对接获得了很大成功。这个成功，既解释了神话，更解释了考古，两全其美。这样的解释，让考古人重新认识了神话的价值所在，也使考古在神话里体现了自己的价值。

考古与神话，作为学问而言，似乎本无什么联系。神话很古老，老到数千岁以上；考古很年轻，年轻得只有百多岁。在神话学那里，两者早先互不相知。在考古学这里，两者相识但互不搭界。

但它们有两个共同点，一是内涵都很古老，二是魅力都很强大。这样想来，它们又注定是搭界的。

考古学家在很长时期都排斥神话研究，他们不知考古获得的信证很多都与神话有关。我们所研究的那个时代的人，都生活在历史建构的信仰中，而信仰的表现形式主要是神话。可以这样说，没有神话，那一段历史便无所凭依。没有文字的时代，神话以考古图像的方式保存着，神话中有很真实的历史。神话一直被归属文学范畴，神话叙述不论是口传或是以文本形式存在，都是描述式的，都是通过受者各自的想象进行二度创作后保存并传播的，所以改变也是不可避免的。但古老的图像却保存着神话相对原始的面貌，是更可信赖的史实。以考古图像求证神话的本源，以图像神话求证历史的真相，顺理而成章。考古为寻找本原神话，为重建神话体系，是可以

　　　　　　　　　　　　　　王者仗钺

作出贡献的。

当然，在神话、考古与历史之间，并不能简单划上等号。要研究各自的表达体系，找到它们的吻合点。这个过程不是个别事项的比对，而是整体系统的观察。叶舒宪的新作进行了这个整理工作，我觉得他找出了许多的吻合点，所以他划上了一些比较确定的等号。

当然早期文明史并不都在神话里，但神话却可以勾勒出这样一个大致的历史轮廓，这已经令我们大喜过望了。

神话是思想的历史。考古研究擅长研究物，考古人似乎还没有准备好，或者说还没有足够的素养从事神话研究。所以不屑或排斥神话的研究，也是可以理解的，但并不能认为这是正常的。

神话的真相，就存在于考古之物证上，只是过去对这些物象缺乏中肯的解释。叶舒宪对这些物象非常关注，他说："物的叙事带来的信息足以解释文献叙事的所以然，从而帮助今人重新进入历史。"他认为在考古发现的图像叙事和实物叙事中，可以解读出神话思维，辨识出神话叙事，可以发现神话意象。他认为"以往的神话研究大多属于纯文学研究，所看到的只是文学文本。未来的神话研究将拓展到文字以外的新材料，称为物质文化或物的叙事"，这便是他所说的"第四重证据"。[1] 这样就可以"重估从炎黄始祖到尧舜禹汤文武的圣王叙事谱系，构建出一幅以新知识视角为观察点的中华文明发生历程之全景图"。

1　叶舒宪：《玉的叙事与夏代神话历史的人类学解读》，《中国社会科学报》创刊号，2009年7月1日。

叶著是部普及性著作，我觉得一般读者是可以读懂这"全景图"的轮廓的。这个研究是开创性的，我们不会要求它一开始便那么尽善尽美。这个研究还会深入下去，我相信今后一定会看到更完备的结论。

本文原为叶舒宪《图说中华文明发生史》序，载叶舒宪著：《图说中华文明发生史》，南方日报出版社，2015 年。

插图目录

凡世与神界书系

◈ 日月崇拜
艺术考古随记之一
王仁湘 著

◈ 动物有灵
艺术考古随记之二
王仁湘 著

◈ 造神运动
艺术考古随记之三
王仁湘 著

◈ 王者仗钺
艺术考古随记之四
王仁湘 著

上海古籍出版社